くではありませんが

三者として考える

武田砂鉄

集英社

目次

父ではありませんが

第三者として考える

「ではない」からこそ

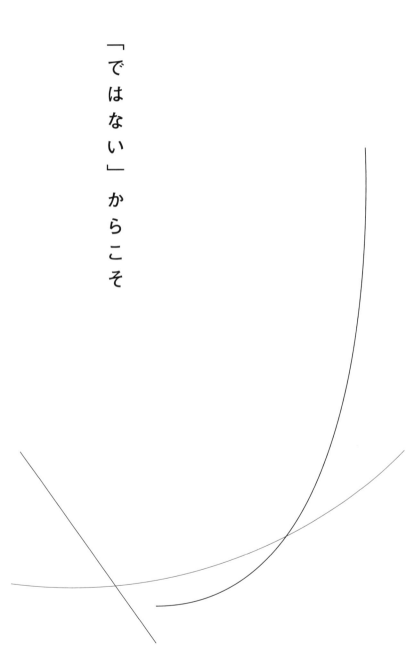

もしあそこでああしていたらどうなっていただろう、と毎日何回も思う。それは、5分前のこともそうだし、3時間前のこともそうだし、1週間前のこともそうだし、7年前のこともそうだし、25年前のこともそうだ。

こっちの喫茶店のほうがすいているはずと思って入ったら1席しか空いていなくて、やたらと賑やかなグループの隣になってしまい、そこで交わされている話といえば、それぞれの持病について。快方を祈りはするものの、静かに読書できる環境ではなくなってしまった。そんな時、あっちの喫茶店にしておけばよかったと、こっちの喫茶店で繰り返し後悔する。これが3時間前のことだ。

あるCDショップで、目当てのCDを買おうと思ったのだが、入荷していないのか、売り切れてしまったのか、見当たらなかった。なんだか悔しくなり、別のCDを買って帰ろうと思ったのだが、いまいち欲しいものがない。いつもはあまり参考にしない、店員さんが書いたポップにある文言を入念に読み、熱い思いが確かに伝わったバンドのデビュー作を買ったのだが、聴いてみたらちっとも気に入る要素がなく、がっかりした。わずか3日後に同じ店に目当てのCDを改めて買いに行くと、3日前に買ったCDはすでにオススメコーナーから外されていた。自分は、オススメを信じて買った最後の人間かもしれない。そのバンドは、デビュー作のみで解散した。これが7年前のことだ。

私たちは毎日、無数の判断を下している。別の喫茶店へ行っていたら、別のCDを手にしていたら、今の自分はない。最近はあまり見ないが、遊園地で「入場者累計100万人」にたまたま該当した人が過剰に祝われている光景がある。えっ、うそでしょ、わたしがそうなの、信じられない。信じられないかもしれませんが、そうです、あなたなんです、と花束を渡され、カメラを向けられる。その後ろで、なんとも言えない表情をしている人がいる。それは、あと一人早ければもらえたのに、なのか、恥をかかなくてよかった、マジで助かった、っていうか、これが映るのイヤだ、なのかわからない。祝われている人がもし、入り口の直前でほどけた靴紐を直していたら、それによって、後ろの人がジャスト100万人になった可能性だってある。

私たちは常に、何かの当事者で、同時に、何かの当事者ではない。誰かが、ジャスト100万人ならば、誰かは100万1人目なのだ。何かを選択すれば、何かが選択できなくなる。「多様性」や「包摂」といった言葉があちこちで意識的に使われるようになったのは実に喜ばしいこと。今まで、あまりにも長い時間、平然と無視されてきたし、まだそれを歓迎しない人がたくさん残っている。自分もその言葉の中に、あるいは近くにいたい。あれも、これも、考えてみる。自分とは違う誰かのことを想像してみる。人と人とが柔軟な姿勢で接すれば、差異を理由にした諍《いさか》いが生じにくくなる。成熟した社会はそこから開けていくはずだ。そういう社会、加速しまくれ、と思う。

ある物事を経験している者同士で集まること、語ることが以前にも増してやりやすくなってきた。SNSの功罪、といったお題で語られる時、その多くが「罪」の部分だが、「功」としては、同じ経験や興味を持つ者同士が連帯しやすくなったことがあげられるだろう。重い課題に限らない。上島竜兵《うえしまりゅうへい》好き（私）をすぐに探し出せるようになったし、ヨーロッパを旅行するなら北欧より東欧でしょう、と考える人にも一瞬でアクセスできるようになった。まっさらな状態から絞り込まれ、集い、経験や興味がプラスされていく状態がそこかしこで生まれている。それがどれほど楽しいことか。そして、どれだけ救いになることか。すぐに「同じだよね！」と一緒になれるのだ。

何かしら「ある」「できた」「持っている」「やってきた」という経験、つまり、プラスの経験を共有し、結束力を高めていく。(乱暴な言い方にはなるが)色々と大変な世の中で、この結束は必要不可欠である。でも、と思う。でも、と立ち止まる。先に例示したように、私たちは、何かを選択すれば、何かを選択できなくなる。混んでいる喫茶店で、別の喫茶店を想うしかないのだ。経験できなかったこと、選ばなかったこと、避けてきたことを大量に認めながら、自分が選び取ってきたものを経験として重ねていく。人生というものはね、と語り始める年長者のおおよそが信じられないのは、偶然性や多層性を考えずに自分がやってきた経験こそが正しかったと、他人に押し付けようとするからだ。

私たちは、「ない」「できない」「持っていない」「やっていない」の経験をたくさん持っている。でも、そっちはあまり語られない。耳を傾けてもくれない。「ある」と「ない」は対称なのに、「ある」の言葉ばかりが溢れている。多様性、包摂が語られる中で、「ない」のつながりも増えてきてはいる。それは大抵、切実なものだ。とりわけ、「ある」が「ない」になってしまった経験を持つ人たちが、その喪失を互いに抱き留めることによって、この先へと歩んでいく道を見つけ出している。それだけではない。誰だって、何かしら「ない」はずなのだ。何かを選んだら、何かを選べないのだから。

ここまで読んでくださった方の多くは、一瞬でもタイトルを目に入れた上で読んでくださっているはずだから、で、いつ、本題に入るのだろうと思われているかもしれない。タイトルとして掲げている、どうやら、これを書いているおまえは父ではないらしいな、という内容に、いつ踏み込むのだろうと呆れている頃かもしれない。いや、でも、ここまでの話、ずっと本題でした。ここまでの話は、これからずっと書いていく、現時点で自分が父親ではない、という内容の本題である。どうしてこれが本題なのか、ちっともわからないという人がいたら、ぜひ、読み進めてほしい。なるほどそういう狙いかとわかった人も、もちろん読み進めてほしい。

「子どもの話ばかりでつまらないでしょう」

自分はとにかく書店に行くのが好きで、時間さえあれば、書店に行く。この時、自分の興味のある棚だけではなく、特に興味のない棚も見渡すようにしている。出産・育児コーナーの前に立つ。「はじめての」「安心して迎えるために」「ばあちゃん助産師の」「35歳からでも」「非婚出産」などの言葉が並んでいる。本棚を目でなぞっていくと「パパ」「イクメン」「お父さん」が並ぶ列に到達した。結構な量がある。出産・子育てをどのように経験したのか、そして、経験しようとしているのか、男性の目線で語られている。子育ては女性がやるものというカビの生えた価値観は、カビを削り取ろうとする具体的な働きかけによって、切り替わっていく。さっき、エッセイコーナーで見かけた男性作家による、俺の生き様を振り返るみたいな本にはない、当事者ならではの声がある。

ふと気づく。女性に向けては、子どもがいない、子どもを産めなかった、子どもを失った経験などが書かれているものがいくつもあるのに（もちろん、これらは同列に並んでいるからといって一緒くたに語っていいものではない）、男性に向けては「ある」「いる」という状態しかないのだ。私たちは常に、何かの当事者で、同時に、何かの当事者ではないのだから、父親ではない、という状態からの言葉もあってもいいのではないかと思い立ったのだ。それをじっくりと書いてみよう、というのがこの本である。「いる」「いない」そのどちらに優劣があるわけでもないのに、「いる」だけから「父」「子ども」が語られるのはなぜなのか。なんだか窮屈だな、と思ったのだ。誰にとって窮屈か。子育てをする人にとっても、子育てをしていない人にとっても、その両方にとって。

自分は1982年生まれ。2011年に、二つ年下の妻と結婚して10年以上が経つ。ずっと二人で暮らしている。すると、どこからともなく、あれ、子どもは作らないのだろうか、それとも、何か事情があるのだろうか、と詮索される。特に事情はない。事情はないが、もし、事情があったとしても、その事情は別に、誰かに伝える必要なんてない。結婚したら、子どもを産むもの、少なくとも産もうとするもの、という考え方が世の中にあることをよく知っているが、その考え方を、私や妻が背負う必要はない。結婚するのは初めてのことだし、人生はまだ1回目であれこれ慣れないし、せっかくの機会に、世の中の慣習に無理やり合わせていこうとは考えない。みんなそうしているから、うちらもやっといたほうがよくないかな、という流れを夫婦揃って疑ってみる。結婚にしろ、子育てにしろ、「ほとんどの人がしているから、当然するよね」という考え方がいまだに根強い。それは、小学校の先生から繰り返し教わった「みんながしているからといって、していいわけではありません。それぞれの気持ちを考えてみましょう。そして、自分の意見は、自分で考えてみましょう」というアレに反していると思うのだが、みんな、小学校の先生の話を忘れてしまったのだろうか。私はずっと覚えている。実に大切な考え方である。

　厚生労働省が発表している「平均初婚年齢」、そもそも、この数値自体がなかなかうざったいのだが（たとえば「平均初海外旅行経験年齢」とは言わない。基本的に結婚するもの、と思われているからこの数値があるし、だからこそ、「生涯未婚率」という極めて失礼な数値が存在する。生涯未婚で、一体、何が悪いのだろうか）、男性は31・0歳（2020年）である。すると、自分の同世代は、結婚して5年から10年くらい、という段階が多く、時折、かつての友人たちと集まると、その多くが子どもを育てている。あるいは、もうすぐ産まれると言っている。

　ここ最近は、新型コロナの影響もあって、大人数で集まる場所には出かけられないが、それ以前、私は率先して、子育て中の友人が集まる場に出かけていくようにしていた。学生時代から付き合いが続いている友人宅で開かれた、いわゆるホームパーティー的なものに行くと、夫婦と子ども二人、夫婦と子ども、お父さんと子ども、あと私、といった環境に置かれる。そこで繰り広げられる会話といえば、主に二つだった。「子育ての話」と「昔の話」。昔の話はいつだって鉄板で、古典落語のように、オチがわかっているのに面白い。その落語を披露し合えるのはこの場しかないから、存分に披露し合う。笑い転げる。あれって、中2の7月だっけ、いや、6月じゃないかな、と濃い記憶に酔う。続いて、子育ての話をする。なるほど、そういうこともあるのか、大変そうだが楽しそうだ、と思いながら聞いている。普段聞けない話なので、じっくり聞く。こちらが、結婚してしばらく経っていることを皆が知っているから、えっ、子どもについては、どういうつもりでいるの、という話を、間接的に、あるいは直接的に聞いてくる。

先ほども書いたように、特に事情も、あるいは方針もないので、その旨を伝えると、不満そうな、不安そうな、なんとも言えない顔をする。やがて、こちらに気をつかっているのか、「子どもの話ばかりでつまらないでしょう」と聞いてくる。そういう時には「うん、つまらないね」と返してみる。長年の付き合いがあり、分厚い信頼関係があるのに、その場が少し凍りつくのがわかる。鉄板の「昔の話」にもつまらないものはあって、そういう時には、「それ、つまらないよ」と言い、笑い、もちろん、自分も言われ、笑われる。しかし、子どもの話について、同じように言ったところ、笑いは起きなかった。その反応にとても驚いたのだ。帰り道、あれはなんでそうなったんだろう、と考えたものの、なかなか答えが出なかった。

その場にいる自分以外の全員が、父親であり母親であり、その子どもたちだった。自分はそこに一人でやってきた。子どもたちは、私が、自分の父親と同じように誰かの父親なのだろうかなんて見極めたりはしないから、パッと見、一番大きい体型（身長が185センチほどあります）を見つけて、腕にぶら下がろうとしたり、何かとちょっかいを出してくる。それに反応するのはとても楽しい。ちょっかいを出して、笑い合う。やがて疲れて寝てしまった姿を目にすると、かわいくてたまらない。たった数時間だけでは、子育てのほんの一部分しか見られないけれど、喜びの在り処《ありか》、そして苛立《いらだ》ちの在り処も、ひとまず知ることはできる。でも、語られる内容が通り一遍というか、どこかで聞いたことのある話ばかりだったものだから、それを指摘してみた。で、その場が固まってしまった。

この場で起きたことを、また別の日に、子育て中の知人男性にしてみた。どうしてそうなったのかがわからなくて、と。開口一番、「いや、ほんと、毎日のように、〝ユリイカ！〟ってなるんですよ」と返ってきた。毎日のように発見があって、喜びがあるそう。それはそうなのだろう。でも、それは、こちらの質問に対する答えではないし、こちらも、日々暮らしていて、毎日のように発見があるし、喜びがある。路傍の花に心を動かされるタイプではないが、たとえばその花に心を動かされた人がいて、その感動を誰かの感動と比較したりしないだろう。漠然としているが、ここまで書いてきた内容が、本書を書く動機の断片だ。断片と書いたものの、全体というか、動機そのものかもしれない。

そうではない側から見る

何かを経験するというのは文字通り経験だが、未経験を保つというのも経験だと考えている。経験者と未経験者が自由に重なり合うことによって、意見をぶつけ合うことによって、物事は重層的になっていく。どんな人でも、大抵の物事は未経験で、大抵のことには第三者である。当事者と、当事者ではない人が結びつき、その当事者が抱えている問題を解決していく。即座に解決なんて難しいから、せめてこれ以上悪くならないように監視したり、ことあるごとに、どうして改善していないのかと指摘したりする。その時、立場によって言葉を発する資格を問うてはいけない。

自分は父ではない、という前提に立ってみた時に、あれ、これって言ってもいいのかな、これを言ったら、あなたにそれを言う資格があるのだろうか、なんて言われてしまうのではないかと、躊躇《ちゅうちょ》する事柄がいくつも浮上してくる。これがなかなか珍しい感覚なのだ。自分はこれまで、とりわけ日本社会で根深い男女格差の問題を、それなりの回数、男性の立場から指摘してきた。シングルマザーの貧困率が高いと聞けば、もっと公的支援が必要ではないかと書く。そこに、なんのひねりもない。当たり前の指摘だ。そもそも、ひねらせる必要がない。それに対して、あなたにそれを言う資格があるのだろうかと言ってくる人もいない（いたのかもしれないが、さすがに目に入らなかった）。ところが、「父親」というカテゴリに吸い寄せられる議題について考えようとすると、たちまち、どうしてあなたがそれを、が浮上してくるのだ。

今のところ父親ではない。そのうち父親になるかもしれない。このまま父親にはならないかもしれない。実のところ、父親になるつもりなんてちっともないと考えているかもしれない。そんな自分が、「子ども」をめぐる言説について考えていこうと思う。

本書のサブタイトルにある「第三者」という言葉について考えるきっかけとなったのが、

写真家・長島有里枝《ながしまゆりえ》さんとの対談だった。長島さんが「当事者の切実な言葉を傾聴することが重要事項であることには違いないのだけれど、『第三者には言われたくない』と思ってしまうような意見が存在することと、第三者が語る行為そのものを切り離さないと、何も言えなくなってしまうのでは、という疑問も湧きます」(『すばる』2018年9月号)と言っていた。第三者にも当事者性がある。

「ではない」側から眼差しを向けたい。「ではない」側からも見なければ、ありとあらゆる全体像って見えてこないのではないか。もしくは、全体像なんて見えるものではありません、という意見も発することができないのではないか。父親になった、父親として、父親だからこそ、という言説が増えてきている。どんどん増えていったらいい。同じように、父親ではない人間が考える「親・子・家族とは何か」があってもいいのではないか。議論がどう転がっていくのかはわからない。事前に見取り図はない。とにかく取り組んでみたい。

子どもがいるのか
問われない

新聞でも雑誌でもネット記事でも人生相談というのは鉄板企画で、最近では、人生相談の名回答、珍回答、酷い回答がSNSで拡散されるようになった。たとえば、読者に高齢者の多い新聞に掲載された人生相談が、誰かが撮影した画像によって拡散され、回答者の無理解が叩かれる様子というのは、オールドメディアとニューメディアの残酷な融合である。「無理解」という判定を食らうのって、モノを書く人間としては、できる限り避けたいもの。これまで、いくつか人生相談の企画に参加して答えたこともあるのだが、基本的に引き受けないようにしているのは、「回答者の無理解の拡散」を怖がっているからかもしれない。

怖がっているくせに、その手の評判が流れてくれば分析はしてしまう。人生相談で多いのは、「他人と比較してしまうのです」という悩みと、「他人と比較する必要なんてないですよ」という答えである。おそらく、ずっとそればかり繰り返している。繰り返しているだけじゃん、と軽視するつもりはない。どうやら人はずっとそれに悩んでいて、誰かに相談でもしないと、勝手に比較し続けてしまう生き物なのだ。比較しないようにしようと決意しても、あちこちから比較を迫ってくる、とも言える。そのたびに、決意が揺らいで比較してしまう。そして、比較しなくてもいいんですよ、という答えも、比較されてしまうのである。

高校や大学を卒業して会社に就職するのが20歳前後、そこから10年から20年程度が、いわゆる遊軍として、非管理職の立場で仕事に臨める時期だというのはどの業種もさほど変わらないだろう。同じ会社で働き続けるとして、その間に強いられる選択って、男性はとても少ない。やるべき仕事をものすごく簡略化すれば、「とにかく頑張れよ」「はいっす」である。尊敬する先輩がいれば、その先輩のやり方を見習い、尊敬できない先輩がいれば、反面教師にし、ムカつく先輩がいれば、露骨に無視してみたりする。自分も会社員としてそんな10年近くを過ごしたが、基本的に仕事は加点方式で、人生の進路が変わるほどの選択肢をつきつけられることはなかった。同棲していた彼女との結婚を決めたからといって、「守るべきものができたから、一層頑張らなきゃな」なんて思わなかったし(言ってくる人は何人もいた)、結婚したことによる優位性を、していない人に振りまくことはしなかった(しないだけで感じていた人はいたのかもしれない)。

一方で、同世代の女性たちは、いつ結婚するのか、いつ出産するのか、いつ職場復帰するのか、正式に、あるいは非正式に語られまくっており、そこでは、そもそも選択しようとしていない人への言及まで繰り返されていた。なぜか結論を決めつけられている人がいて、その結論について、大笑いしている上司もいた。この男女の非対称性は一体なんだろうかと考え込んだ……というのは正直ウソで、当時は、まぁ、そういうものなのだろうと、さほど気にしていなかった。出産するとなれば、女性は一定期間、会社を休むことになる。そのまま辞めていく人もいる。男性はそうはならない。当時は、今よりも男性で育児休業を取得する人／期間が少なかったので、「おめでとうございます」「いやいやどうも」というやりとりが、出産した直後に交わされていた。その人と、それ以外の人とで、何がしかの比較は生まれなかった。なぜって、その人自身、なんら変わりなく仕事を続けていたし、夜は飲みに出かけていたし、休日も取引先とゴルフに出かけていた。時折こぼれてくるお父さんとしての一面に対して、微笑ましい声が飛ぶ。話すほうも、話されるほうも、素直に受け止める。それだけの話だ。父親になった人となっていない人の比較は生まれない。子どもの存在も加点方式に組み込まれていた。

子どもを産むために結婚するわけではないが、結婚したら子どもを産むのが普通でしょうと考える世の中の雰囲気は、女性に対して、より強い「そろそろ結婚したほうが……」を生み出す。雰囲気って、束ねると圧力になる。その圧力は、直接的に、そして間接的に繰り返される。人生相談にもっとも多い比較が、この結婚 or 未婚、子あり or 子なしに始まる議論である。経験の有無で比較され、経験したことのない人が、その経験を欲したり、経験したいとは思わないことへの悩みを吐露したりする。すでにそれを経験している人から投げられた心無い言葉を、何度も自分に刺して、心を痛めてしまう。山頂に到達している人から、「おーい、どうしてまだそんなところにいるの？」と声をかけられる。早くこっちに来なよ、と。でも、そもそも、その山は、皆が登らなければいけない山なのだろうか。そんなはずはない。自分が登るべき山を、誰かから指定されたくはない。

女性ばかり「子どもは？」と問われる

今、日本を動かしている政治家を頭に浮かべてみてほしい。ひとまず、男性を5人、女性を5人。女性政治家を5人あげるだけでも精一杯、というのが日本の実情だが、では、いくらでもあげられたはずの男性政治家それぞれについて、その人に子どもがいるかどうか、と問われたら、あなたは答えられるだろうか。自分は正直、ほとんど答えられなかった。菅義偉《すがよしひで》首相（執筆当時、以下同様）に子どもがいることは、例の総務省接待問題がなければ知ることはなかったし、このコロナ禍でよく見かける人を並べて、加藤勝信《かとうかつのぶ》官房長官、西村康稔《にしむらやすとし》経済再生担当大臣、河野太郎《こうのたろう》行政改革担当大臣に子どもがいるかどうかを知らない。野党代表の、立憲民主党・枝野幸男《えだのゆきお》代表、日本共産党・志位和夫《しいかずお》代表、国民民主党・玉木雄一郎《たまきゆういちろう》代表に子どもがいるかどうかを知らない。その一方で、女性政治家はどうか。小池百合子《こいけゆりこ》東京都知事、丸川珠代《まるかわたまよ》五輪担当大臣、野田聖子《のだせいこ》議員、蓮舫《れんほう》議員といった女性議員を並べると、その人に子どもがいるかどうかを知っている。そんなリストを配られたわけでも、積極的に興味を持ったわけでもないのに、なにがしかのタイミングでそれを知らされているのである。小池百合子都知事に子どもがいないことを知っていて、加藤勝信官房長官に子どもがいるかどうかを知らない。いずれも毎日のように見かける存在なのにどうしてだろう。この非対称は社会のありとあらゆる場面で同じように起きている。女性はすぐに、結婚しているか、子どもはいるのか、を探られる。男性は、そんなに探られない。

探られなければ、わからないままだ。わからないままでいられる。自分がそうだ。結婚しているか、子どもはいるのか、あまり探られることがない。

先日、とても付き合いの長い、フリーランスの女性と久しぶりにお茶をしようと、急勾配の坂道の途中にある喫茶店に行くと、あと2ヶ月ほどで産まれるというお腹をさすりながら出迎えてくれた。その事実を知らなかったので驚いたのと同時に、こんな坂道の喫茶店にわざわざ来なくても、と恐縮した。聞けば、出産を控えている事実を、できる限り、仕事相手に知られたくないのだという。子どもを産みます、という告知によって、仕事が減るのを恐れていた。自分はその人の仕事っぷりを昔からずっと信頼しているので、「いや、そんなことないって」と、いくつもの言葉を尽くして伝えたのだが、彼女の頭にはすでに豊富な事例集がコレクションされており、「産むことを伝えない」という判断は揺らがなかった。

あなたの仕事を信頼している人はたくさんいるのだから小休止したって大丈夫だって、というこちらのアドバイスがずっと響かない。その小休止が、小休止にとどまらず、仕事を失うに至ってしまった、という先行事例を私は知らないけれど、彼女はいくつも知っていた。キャリアを更新し続けるために、産んだことを知らせずに、しれっと戻る。そっちの事例ならいくつか知っている。臨月になっても会社へ行き、数週間で仕事に戻った人。月に何度か収録のあるラジオ番組を、数ヶ月分まとめ録りして、出産した事実を伝えないまま戻った人。それがだいぶ後になって語られる時、それがあたかも武勇伝のように伝わり、その判断を褒め称えられていたのだが、それをやらなければならない環境を変えるほうが先だろう。しれっと、に負荷がかかりすぎている。その、しれっと、が仕事を続ける前提になっている。

女性の俳優について、「出産して○ヶ月で復帰！」「出産前と変わらないスレンダーなスタイル！」と題した記事が繰り返される。成功例として伝えられる。成功例しか伝えられない。出産前とスタイルが変わった事例は伝えられない。実社会では、妊娠解雇、出産解雇が横行し続ける。働きながら子どもを産んで育てる上で、女性は、必ずしも最適な選択肢を選び抜けるかわからないけれど、とりあえず進んでみなければならない、という状態をくぐり抜けていく。男性は、キャリアを一旦止めて、小休止して、再スタートできるかどうか、という賭けには巻き込まれない。

男性×中高年が運営する社会

本書の担当編集者は子育て中の女性なのだが、二人で打ち合わせをしている時、「育児はかけがえのないものだ」という思いにも男女差が生じているのではないか、という話になった。男性の子育て論を読んでいて、ことさらに育児が「かけがえのない行い」とされがちなのは、育児によって削られる部分が男性にはまだまだ少ないからではないか、と感じてきたのだと言う。子どもが産まれ、育児をする。大変だけど、自分にとってもプラスになっている。そういう男性の「論」をいくつも見かける。マイナスになるかもしれないというリスク、つまり、自分の積み重ねてきたものが子どもの存在によって削られるかもしれない、という心配が、男性には少ない。

子どもという存在のかけがえのなさ、というのは比較しようがないし、比較すべきとも思えないが、そのかけがえのなさを維持するためにどれだけの労力が必要か知っているのか、という愚痴を、子育て中の母親から耳にする。「夫がたまに作る料理はコストも手間もかかっているが、こちらが毎日作る料理はコストも手間もかけてはいられない、そのごくたまの調理が子どもたちから大好評なのはムカつく」と息継ぎなしで憤《いきどお》っていた友人がいたが、それに似た構図がとにかくあちこちで続いている。

前章で、子どもを育てているわけではない自分が子育てについて言及すると、「どうしてあなたがそれを」という視線が浮上しやすい、と書いた。でも、その視線でさえも、女性に向けられるそれに比べれば、男性の自分には薄くて弱い。

男性の子育てが、まだまだ特例的に語られるように、子どもを育てていない自分にどうしてあなたが子育てを語れるのか、と迫ってくる声も特例的である。だが、女性は、この、どうしてあなたが、の直撃を度々受ける。何度も受けているうちに防衛能力がつき、そうではない立場を確立していく。エッセイストの酒井順子《さかいじゅんこ》が「未婚、子ナシ、30代以上」を「負け犬」と定義づけて『負け犬の遠吠え』という本を出したのが2003年のこと。マジョリティとは言えないものの数多く存在している人の声を引っ張り上げ、侃々諤々《かんかんがくがく》の議論が巻き起こった。あの時、女性たちが立場を超えて肩を組む結果になったわけではないのだろうが、男性×中高年が運営する社会構造がなかなか変わらない中にあって、「女性同士で争っていると、どうやら、彼らの利益になってしまうからヤバいよね」という認識と変革は強まっている。この抵抗運動は、あちこちで勃発している。とりわけ近年は、その運動が社会を具体的に揺さぶっている。

ふと思う。男性は、「未婚、子ナシ、30代以上」という区分けが生む視線をさほど浴びていない。そういうプレッシャーが強く可視化されているわけではない。可視化されていないからこそ苦しむ人もいるのだろうけれど、とりわけ「子ナシ」について、「まぁ、これくらいの時にはもうさすがに」という圧は男性に厳しく向けられてこなかった。

バラエティ番組を観ていると、芸歴が生んだ上下関係に基づいた芸人たちの群れが繰り広げるトークを目にすることがあるが、ある日、その手の番組で50歳を過ぎた独身の芸人が、やがて結婚する前提で、「そのうち子どもが欲しい」と騒いでいた。「(自分の子どもができたら)かわいいやろなぁ」と言っている。50歳の女性が妊娠・出産するのは不可能ではないものの、彼は明らかに、かなり年下の女性と結婚することだけを想定している。そういう前提で話が進んでいく様子に、「気持ち悪い!」とつぶやきながら見る。「気持ち悪い!」というのはあくまでも個人的な感覚だから、それを共有してほしいとは思わないけれど、とにかく、男は問われない。そのうち、父になるかもしれないという思いが、笑われたり、やんわり薄められたりすることがないのだ。根本的に問われないのだ。

「未婚、子ナシ、30代以上」は、子を産むタイムリミットが前提となっている。タイムリミットをどこに設定するかは人それぞれで、2013年、安倍晋三《あべしんぞう》政権下で、内閣府の「少子化危機突破タスクフォース」が導入を提案していた「生命《いのち》と女性の手帳」(通称「女性手帳」)に盛り込まれていた「30歳半ばまでの妊娠・出産を推奨し、結婚や出産を人生設計の中に組み込む重要性を指摘する」ような、個人の生き方を強制するようであってはならない。だがしかし、男であれば、さほど問われぬまま、平然と「30歳半ば」を超えていく。

とにかく、男は問われない

主に30代の既婚女性をターゲットにしている雑誌『VERY』(このところ、既婚者に限っているわけではなく、離婚した女性や未婚女性についての言及も増えてきている)で長年連載をしているのだが、誌面に登場する女性たちの愚痴を抽出すると、よく見かけるのが、「毎日子育てをしている私ではなく、たまに子育てを手伝う旦那に対してばかり、周囲の賞賛の声が向かう」というもの。この辺りも、先述した、「(育児が)かけがえのない行い」とされているのは、それによって削られる部分が男性にはまだまだ少ないからではないか、という考えと近いところにあるのかもしれない。つまり、子育てが自分にとってのオプションの域を脱しない。オプションは、自分そのものからの着脱が可能である。でも、女性には、なぜか、その着脱が許されていない。だから、自由気ままな着脱っぷりに憤る。

父親ではない私が、父親であることを饒舌に語るインタビューなどを読むと、なるほどそういうことなのか、実際その立場になってみなければわからないことばかりなんだな、と勉強になる。でも、繰り返し言うように、どんな立場であろうとも、その立場になってみなければわからないことばかりなのだから、父親の語りを特別なものとして受け止める必要はない。そんな当たり前のことも、産んで育てるのが「普通」とされる圧を直接的に浴びない立場だからこそ言えるのだ。

子どもがいなくても、特に何も言われない。同じような状況に置かれている妻は、やはりそのことをよく聞かれてきた。性差の問題ではなく、ただ単に話しかけにくい、そういった話をしにくい、という個人的な所作や態度によるものなのかもしれないが、子どもの話といえば、やっぱりまずは、産んだ女性に視線が向かう。同じようにして、産んでいない女性に視線が向かう。育児によって削られる部分が男性にはまだまだ少ない。と同様に、子どもを産んでいない、という状況について、他人からの乱暴な指摘を受けずにいられるのも男性で、「削られる部分」が少ないのだ。親ではない状態についても、男性に優位性がある。このことはもっと考えられなければならない。

ほら、あの人、
子どもがいるから

正直、ものすごい量の仕事をしている。学校の時間割のように、昼まではこの原稿を書いて、夕方までに出版社から送られてきたゲラ刷りをチェックして、夜には電話取材を受けた後で短いコラムを書く、というような日々がもう何年も続いている。忙しいことを美徳にするのってよくないですよね、と議論を始める以前に、とにかく「忙しいアピール」してくる人の浅はかさに失笑してしまった経験って、多くの人が持っている。「忙しいアピール」している人の魂胆を探ると、ろくなところに行き着かない事例ばかりを知っているので、自分は人前で「忙しい」と言わないようにしてきた。実際には、なかなか忙しい。忙しいけれど、それを言わない。とはいえ、そんなスタンスを貫いている自分を、なかなかカッコいい判断ではないか、と内心思ってきた節があるのも事実なので、すこぶるダサい。

自分の生活を見つめ直した時、それって、「誰かに向けて、忙しいって言わなくても、自分で調整できてしまう仕事だから」ではないかと、はたと気づいた。どういうことか。原稿Aがなかなか書けないので、原稿Bの締め切りを少しだけ遅らせてもらう。原稿Bの締め切りが延びたとはいえ、原稿Cの締め切りは従来通りで頑張ろう、と自分を奮い立たせる。原稿Bは、その後でやればいい。このようにして、自分の仕事は、基本的に自分の調整だけでどうにかなる。ものすごい量の仕事があったとしても、その性質がほとんど一緒だから、イレギュラーな事態が生じにくい。頑張ればできるし、頑張らなければできない。頑張りすぎるのもよくないから、この辺にしておこうなどと、自分のさじ加減で調整している。忙しい、と人に理解してもらわなくても、その忙しさをこなしていけるのである。だが、世の中はそんな人ばかりではない。むしろ、そんな人は少ない。言いたくないけど、忙しい、って言わなければ生活がまわらない人もいるはずなのだ。

自分が子どもの頃、同級生の誰かと遊ぶためには、あらかじめ約束しておくか、電話をしてみるか、もしくは直接行ってみる、という、いずれかの選択肢で遊ぶ機会を作っていた。皆がスマホを持っている現在と比べると不便に感じるが、遊ぶ機会を作るのは、そう難しいことではなかった。今、こうして大人になると、それぞれの立場によって、生活の余白の作り方・用意のされ方が異なるので、遊ぶ・集まるための日時を設定するのが極めて難しくなってくる。個人の事情が重なり合い、ぶつかり合う。仕事、子育て、介護、通院、習い事、あらかじめ埋められている予定の隙間を縫うようにして予定を決めようとすると、平気で1ヶ月半後くらいになったりする。

　この予定の合わなさに耐えなければ、私たち大人は、すぐに、「状況が違う人」との交流を止めてしまう。っていうか今、正直、止めまくっている。交流を続けていくのになかなかの調整が必要になるから、忙しくなればなるほど、その調整に体力を消耗することを面倒臭がるようになってしまう。よくない傾向だ。気づけば、出版業界の人たちばかりとつるんでいる。相手の事情が見えるから、調整しやすい。あっ、じゃあ、雑誌の校了が終わった頃に是非是非……ばかりだ。

なぜ子育ては神格化されるのか

「あの人には子どもがいる」という状態から発生する事情というのは、どんな時であっても最優先に考えるべきもの、との理解が進んでいる。とても必要な理解だ。いや、理解が進みきっていないからこそ、子どもを育てやすい環境がまだまだ改善しないのだが、さすがに気づくことのできる人は多くなってきてはいる。先日、久しぶりに同世代の友人に会うために家を出る準備をしていると、友人から「ごめん、妻が体調不良になって、病院に行くことになったので、子どもを見ることになっちゃって……またの機会にお願い。急で申し訳ないです」とメールが来た。ちょうど、待ち合わせ時間に着くための電車を調べた直後だったので「んだよ、マジかよ」と思いつつも、そんな「マジかよ」と思ってしまった自分を嘆き、こういう時はちょっとしたユーモアを交ぜて返すのがいいかもと思い、「なんと残念。でも、もちろん、○○さんの体調最優先で。私たちの歴史には、いつだって続きがありますす」と送る。「その奥に秘めた優しさ、気づいています」と、ふざけた返事がきた。

これは、二人が培《つちか》ってきた長年の信頼感があってこそ生まれるやりとりなのだが、このやりとりで、実際に何が行われていたかといえば、「急遽、子どもの面倒を見ることになった」という状態に対して起きた感情をボカす行為なのかもしれないと思ったのである。当然、こちらは怒ってはいない。起きたことを理解し、了解している。そりゃあ、そういうこともあるでしょう、と思っている。いや、でも、実は、心のどこかに、それくらいなんとかならないもんかな、と思う気持ちも残っていた。今、パソコンで文字を打ち込んでみてギョッとする。自分はなんてヒドいことを思っているのだろう。でも、その思いがまったく残っていないとするのもウソという気がしたので、とりわけ、今回のようなテーマの原稿では、意識的に打ち込んだままにしてみる。打ち込んでうろたえる。まだそんなこと思っているのか自分。恥ずかしくないのか自分。

自分には、急遽子どもの面倒を見なければならなくなった経験がない。子どもがいないからだ。定まっていた予定を突然、自分以外の他者の状況によって切り替えなければならなくなった、という経験が極めて少ない。妻が体調を崩した、親族関係の急用ができたということはもちろんある。それは、数ヶ月か、半年に1回程度のものである。子どもがいる人は、そうではない人に比べ、予定を変更しなければならない頻度が高くなる。頻度が高い出来事を、頻度が高くない人に伝えるのは心苦しいはずで、だからこそ、受け取るほうはそれを察知して、ボカそうとする。でもたぶん、そうやってボカそうとする様子さえも、あちらは感じ取っているに違いない。

本書の担当編集者は、出産後、子育てをしながら編集者の仕事を続けてきた。子育てをしているわけではない男性の書き手（私）とはまったく異なる状態にあるわけで、その異なる状態の意見をボカさずにぶつけ合うことによって、曖昧《あいまい》になっていることがハッキリとする場面も出てくるのではないかと思っている（と、今さら本書の力点をプレゼン）。

だいぶ前、その編集者が、ある文学賞のパーティーに出かけた時の話。文芸系の編集者は自分が担当している作家が選考委員を務めていたり、受賞したりした場合、大きなホテルで開かれる記念パーティーに顔を出し、「このたびは……」だとか、「おひさしぶりです！」なんてのを繰り返すことになる。ある時、編集者に小さな子どもがいると知っている作家から、「こんなところに来ていないで、早く帰らなくていいのか。子どもがいるんだろう」と言われたそうで、そのことをいまだに根に持っていた。

この短い発言の中には、複数の偏見というのか、誤解が含まれている。本人が箇条書きで伝えてきたわけではないが、こちらの予測も含めて、苛立ちを二つにまとめてしまおう。

＊「子育てをしている女性は、どんなことよりも子育てを優先しなければいけない」と思い込んでいるようだが、なぜ、あくまでもあなたの意見でしかないそれを、他人に強要しようとするのか。

＊こうやってパーティーに来れば、終わる時間も曖昧で、そのまま二次会に流れる可能性

も極めて高いのだから、子育て中の人は、それを予測して、パートナーや親などに子どもを見てもらうように頼んでいるに決まっているではないか。なぜ、子どもが帰宅を待ち焦がれている、と決めつけているのか。

この二つに共通するのは、「当然、こっちはこっちで考えて対応しているんだから、あなたの前提をこっちにぶつけてこないでよ」である。「子育て中×女性×編集者」の像というものを、たった1種類だけ用意して、投げつけてくる。そこから外れると、「良かれと思って」などとアドバイスが続く。家族ごとに無数に存在する子育てのやり方、試行錯誤を重ねてこういう感じでやっていこうと編み出したやり方に、普通はこうでしょう、あなたのは普通ではないよ、とアドバイスをし始める。そういう言葉を投げる人の多くは子育ての経験者で、「自分の時はこうだった、だから、こうするべきではないか」と言ってくる。

子育ては神格化される。子育てをしている当人たちによってではなく、外野が神格化させる。その神格化が、望まない形で当事者にぶつけられている場面をよく見かける。子どもはいつだってお母さんがそばにいてほしいもの、といった前提が、鈍器のように本人にぶつけられる。いや、それ、決めるの、オマエじゃなく、コッチだから。でも、オマエは、何度だって決めつけてくる。世の中の一般的な見解を調達して、背負いながら、そこにオリジナルでスパイスを加えた上で言ってくる。うざったいのだが、「うざい」とは言いにくい。あっちは、私こそ世間の総意、みたいな顔をしている。善意の総意、これを浴びずに避けるという選択肢が用意されない。親子や夫婦で作ったオリジナルブレンドよりも、大量生産の総意を優先するように言われてしまう。

外部のことは外部で処理をしたい

「プライベート」という言葉って、こんなにも誰もが使う言葉だったのだろうか。たとえば、芸能人やミュージシャンなど、表舞台に立っている人は、日頃は何をしているのかをしょっちゅう聞かれている。その話は概《おおむ》ね面白くないのだが、そうやってプライベートを聞き出したくなる気持ちはわかる。休みの日には遅くまで寝ていて、冷蔵庫に入っていた賞味期限切れのゼリーを「数日くらいいいや」とほおばっているエピソードを聞きたいのだ。
プライベートを明らかにするのが好まれるのは、日頃、公的な振る舞いをひたすら観察されている職業であるからで、その範囲をプライベートにまで拡張したがるのはわからなくもない。だが、多くの人は、別に、プライベートとそれ以外をはっきりと分けた状態で他人と向き合っているわけではない。この人のプライベートはこうなのだろうと確定されてしまうと、話はたちまち厄介になる。シンプルに言えば、オマエ、私の生活に、いちいち介入してくんなよ、である。「あの人は子どもを育てている」というプライベートが知られていると、そのプライベートはこうあるべきではないかと、これまでそれに似たプライベートを持ってきた人からのアドバイスが入る。別にそれ、必要としていないのだけれど。

働く女性に寛容とは言えない日本社会の中にあって、子どもを育てながら働いていることを、当人が積極的に開示しながら暮らしていかざるを得ない環境がある。もちろん、開示することによって周囲の多くの人が理解を示してくれるはず。時には、急遽早退を余儀なくされたことで生じた仕事を同じ部署の人間が引き継いだり、代わりにどこそこへ連絡をとることだってある。そういう連携、コミュニケーションをもっと増やしていかなければならないが、その態勢が整えばそれでいい、というわけではない。

「特になんてことない理由でも、家に帰らせてほしい」、こんな気持ちも発生するという。盲点だった。情けないけれど、第三者には気づくことができずにいた点だった。どういうことか。たとえば自分は、いくらだって、なんてことない理由で家に帰ったり、なんとなく、という理由で仕事をやめたりする。だが、子どもを持つ親は、突然の判断をするにあたり、それは子どものことであるから仕方がないよ、というような理解のされ方をする。その理解は前向きなものだとは思うものの、いつもそれに該当しているかどうかを確認されるのはしんどい。いつのまにか、例外が認められなくなる。

「観たかった映画を観に行く」という行為について、子どもがいるわけではない私は、特に誰からも「行けてよかったねぇ」とは言われない。しかし、子育て中の人が、そういう話をすると、「行くような時間があってよかったねぇ」とよく言われると聞く。本当になんとか時間を確保して行く時もあれば、それなりに時間があって、すんなりと行けることもある。どちらであるかなんて言う必要もないし、ましてや判断されたくはない。だが、それが勝手に1種類に限定されてしまう。子育てをしている人に対して、外野が勝手に投げてくる呪縛があちこちで分厚い。

これを取り除くのは、子育てをする親ではなく、もちろん外野である。だって、外野ががむしゃらに投げているのだから。社会が要求する理想の母親像・父親像が当人たちを縛り付けている、なんてことがよく言われるけれど、これって、それを背負う側ではなく、背負わせる側に問題がある。世で放たれている、「ほら、あの人、子どもがいるから」から始まる評定がものすごく雑なのだ。だからなんだと言うのだ、一体オマエに何がわかっているのか、と返したいはずだが、それこそ、そんなことをしている暇がなくなってしまう。だから、外部のことは外部で処理をしたい。

「自分の時は」という暴力

子どもを育てた経験を持つ人が多くいる。それぞれの経験は異なるのに、いつのまにか一本化されていく。「こういうものだった」が、そのうち、「こういうものである」に定められてしまう。知らぬ間に、定められたものとして誰かに強いてしまう。それはとてもおかしなことだ。誰かに子どもがいる、今、あの人は子どもを育てている、という状態は、その人の生活のある一部分であって、その部分がどれくらいのパーセンテージを占めているかについて、当人以外が決めてはいけない。

他者のことを想像しましょう。そんなスローガンをよく聞く。大切なスローガンである。でも、子どもを育てている人に対する眼差しというのは、「こういうものである」と安易に想像されがちであり、その想像がいつしか押し付けになったり、本人へのプレッシャーになったり、結果的に、行動範囲を狭めさせる原因になっている可能性がある。この加害性については、実はこれまで、あまりじっくりと考えたことがなかった。

こういう感じなんでしょう、と想像することは大切。しかし、こういう感じなのだから、こうしなきゃ、になると害悪。おい、だから、こうしなきゃダメだよ、自分の時はこういう風にしていたんだから、は暴力。子どもを育てている人に対して意見を向ける第三者のほうを問うべきではないか、と思う。「こういう親であるべき」と強いる前に、「どういう親であるべきかなんて、どうして言えてしまえるんだろうか自分」と考えることから始めたい。この点、意外と、議論が深められていないのではないか。ただ、「あなたにはわからない」と言われてしまうと、そこで話が終わってしまうのだ。

あなたには

わからない

中高一貫校に通っていたが、6年間、いわゆる「彼女」という存在ができることはなかったし、できそうになることもなかったので、できた人やできそうになっている人の様子をずっと見ていた。ずっと見ていたからか、その成就や崩壊を事細かに記憶している。卒業アルバムを見れば、ドラマの相関図のように線を引っ張ってハートマークをつけたり、そのハートマークにバツ印をつけたりすることができる。そういう、井上公造《いのうえこうぞう》的精神が生んだのは、「本当はその相関図の中に入り込みたいのに、入り込めないから、その気持ちを隠して冷静に分析してしまう」という悪癖。釣り合っているとか釣り合っていないとか、そんな論評を下していたことをほんの少し思い出すだけでも、恥ずかしくてたまらなくなる。どこかへ逃げてしまいたくなるが、そもそも誰もこちらを見てはいない。

デートをする、キスをする、それ以上のことをする、別れる、やり直す、前に誰それと付き合っていたあの人と付き合う、どんどん更新されていく相関図の中に、自分の近しい友人がいよいよ参加していくようになると、こちらの井上公造的精神は弱まるどころか強化されてしまい、自分はそういうところに参加するのではなく、あくまでも冷静に見ているスタンスを貫こうとするのだが、今、我々が、少なくとも私が、井上公造の分析を賢いものとして受け付けていないように、当時のスタンスも、相関図の中にいる人からすれば、実にダサいものだったに違いない。

お店に行くたびにスタンプを押してもらうタイプのポイントカードのように、中高生のうちに経験した新しいことは、可視化され、共有される。ポイントカードになんのスタンプも押されていない自分は、そのポイントカードの提示自体を拒むようになる。拒んでおけば、「あいつはああ見えて、色々とやっているのかもしれない」と思ってもらえるわずかな可能性が生まれる。実際には、学校からの帰り道、自転車に乗って、新古書店に寄って、家に帰っていただけだが、ミステリアスな部分を残す行為を徹底していたと思う。バレていたはずだが、でももしかしたら、というかすかなイメージを強引に保とうとした。ポイントカードが順当に埋まっていく同級生たちはそもそもこちらを積極的に査定しようと思わなかっただろうから、誰からも問われないミステリアスな部分を必死に培養していたことになる。

大学3年生の頃だったか、同窓会に行くと、自分と同じようにポイントカードがまったく埋まっていないタイプだった友人から、結婚を決意し、相手は妊娠しているという発表があった。ポイントカードが早めに埋まっていた人たちから、「ウソ、マジかよ、超ウケる！」と喝采を浴びていた。ここでも、引き続き、井上公造的に客観視していた自分は、その「超ウケる！」にかすかな羨望のようなものを感じたので、しばらくしてから近づいていき、誰よりも早く結婚したのがオマエであるというのがいかに痛快かを話したところ、彼もその意味を完全にわかっていて、揺るぎない友情を確かめ合うことができた。握手したかもしれない。産まれた子どもはもう高校生になっているはず。彼はその後、就職先に赤ちゃん用品を製造販売する企業を選んだのだから、ポイントカードにいきなり大量のスタンプが押された状態に動揺したのか、はたまた自信をつけたのか。いずれにせよ、その就職先を聞いて、とても愉快な気持ちになった。

「で、どうなの、子どもは」

結婚式の親戚挨拶での、「はやく○○（←話し手の姉や妹である新婦の母）に孫の顔を見せてやってください」という公開ハラスメント。会社の上司からボソッと言われる「で、どうなの、子どもは。どう考えてんの」という非公開ハラスメント。いずれも問題だが、まだまだ平然と残っている。今はもう定年して、現役を退いた女性の新聞記者から、かつて妊娠した時のエピソードを聞いた。妊娠した事実をデスクに告げると開口一番、「で、産むのか？」と言われたそう。出産後に職場復帰し、やがてデスクに昇進すると、先輩男性記者が「子持ちで年下の女に原稿を直されるなんて」と、1週間の出社拒否に及んだという。聞いていてあまりに情けなくて、恥ずかしくて、彼の代わりに顔から火が出そうだが、彼のような人は、結婚をせずに、子どもを産まずに、そこで働いている女性たちのことは、どう考えていたのだろう。普通結婚するけどね、だろうか。

「そうはいっても結婚するのが普通」「そうはいっても妊娠して子どもを産むのが普通」という圧は、いまだに女性に強めにかかる。それが普通でしょ、とだけ言うのはさすがに時代の変化に追いついていないと思われてしまうからか、「いろいろな生き方があっていいとは思うけど、そうはいっても結婚・妊娠・出産するのが普通」みたいに言う。それ、結局、言っていることが同じだ。回りくどいだけで、本人に刺さるものは一緒。刺さるとわかっていて、わざわざ言う。

子どもを産んだ女性と話していると、「結婚しないの？」「子ども産まないの？」と直接問われること、間接的にほのめかされることから解放されたのがなんとも嬉しいと聞く。「役割を果たしたっていうか……」と漏らした後、「いや、別に、役割として決まっているわけではないんだけど、聞かれなくなってラクになったのは事実」と慎重に言葉を選びながら付け加える。本書の担当編集者は、自分が「母ではない」人だった時、「母である」人たちからは、あまり情報が入ってこなかった気がするけれど、いざ、母になってみると、物心両面で、あたかも出家したような状況に置かれるので、「母ではない」人に情報を伝える手段や時間があまりなかったのだろう、と述懐していた。それに、女性は産む側の性なので、産んでいない人の様々な状況に配慮して、あまりそういう話をされなかったという面もあるのかもしれない、とも言う。むしろ、女性誌や漫画などで、子どもを産んだ女性からの、「子どもを作りなさいよマウンティング」が行われているように描かれているのがなかなか信じられないそう。

女性同士の小競り合いを欲するのは女性というより男性で、社会の仕組みをそのまま守り抜きたい時に、女性に必要以上の力を持たせないようにするために、その構図を作りたがる。あるいは構図らしきものを見かけると、とても嬉しそうにする。自分の知る限り、女性同士は自分の心身の変化についての情報を交換し、その差異がこれからどう変化するかわからないこと、そして、個人差があることを尊重している。自分の年齢くらいの女性は、様々な選択肢、具体的に言えば、子どもが欲しいかどうかについて、私に直接的に問いかけたりはしてこない。こちらも聞く時は慎重になる。結論を急かさない。2歳下の自分の妻いわく、数年前は「子どもは？」と直接聞かれることが多かったけど、最近は聞かれることが徐々に少なくなってきているという。個人の判断を尊重しようという考え方が成熟したのだろうか。それとも、そう簡単に聞くべきではない年齢、という意味合いなのだろうか。

「一人前になれよ」という呪いの言葉

その一方、男性である自分、そして、「父ではない」自分には、このところ、よく、「父である」人から、父であるとはどんなに良きことかを語られるようになってきた。ポイントカードのたとえを引っ張れば、なぁ、このポイントをゲットしない手はないぜ、こんなに最高のポイントはないぜ、と話しかけてくるのである。聞いてもいないのに。

「父である」誰かと「父ではない」私には、子どもをもうけたことによる身体的な変化はない。とてもシンプルに言うと、女性と男性が性交すると子どもが産まれる。その間、父となる人は、もちろん、母となる人の存在を丁寧にケアしながらも、これまでと変わらない生活を送ることができる。出産するまでの不安、出産してからの不安の多くは、寄り添うという形で体感するから、その濃淡は人それぞれだが、主に産まれた後に、父親となる男性は経験者としての体感を得る。夫婦間での体験の共有はとても大切なのだろう。濃ければ濃いほどいい。

父になった人は、やがて父になるであろう人に、父になった経験を語る。自分はとにかくその経験を聞いてきたし、最近、特によく聞く。これからも聞くのだろう。再び、井上公造的な外からの分析をすると、彼らからはあまり具体的な話を聞かない。赤子はどのようであったか、生活していく上で、あれとこれに困っている、こういうものを準備していたので助かった、こんな不安があって、その不安をどのように解消していこうという話にはあまりならない。どっちかというと、父とは、子とは、これからの自分は、といったスケールの大きな物言いになる。それは私が、「父ではない」からなのだろうか。「母である」人は、「父ではない」私に、どんどん具体的な話をしてくれる。自分がとても苦手なのは、先にも触れた「守るべきものができたから」という言い分で、その「守るべきもの」は人それぞれで構わないし、決して比較されてはいけないものなのだが、その最上位のものとしてこちらに提示されると、えっ、と戸惑う気持ちが生まれる。寝顔を見ると明日も頑張らなきゃと思うのは事実なのだろうが、明日も頑張ろうと思うための要素は千差万別で構わない。持ち駒のように並べて、比較するものではない。このところ、「推し」の存在によって、自分が支えられているという語りが増えてきているが、それを肯定的に見ているのは、必ずしも、「推し」が誰であるのか、そもそも人であるのかさえ明示しなくとも、推すという行為そのものが肯定されている点にある。対象の価値、知名度の有無が、健やかに度外視されているのだ。

ポイントカード的な思考では、そのスタンプの数によって、語る権限が問われてしまう。「一人前になれよ」という呪いの言葉が繰り返し登場する。男女ともにのしかかってくる言葉だ。その一人前は、投げかけてくる人によって違う。稼いでいるカネなのか、持ち家なのか、結婚なのか、子どもなのか。いずれにせよ、個人的には、この言葉を放たれた時には、全般的に無視を決め込んでいる。共有すべき言葉ではないからだ。「一人前になれよ」と言ってくる人は、自分が一人前であるという前提があるらしい。なんだかそれってとっても滑稽なのだが、そんなことを告げようものなら大騒ぎになりそうなので、やっぱり放っておく。

子どもがいなくても、子育てが大変なことを知っている。愛おしいことを知っている。知っている、というのも濃淡があるから、実際にやってみると、キミの思っているそれとは全然違っている、と言われれば頷くしかない。数時間ごと、いや、毎時間のように授乳をしてオムツをかえて、グズる様子に目をやり、プライベートの時間なんてなくなっていく。それは実際にやってみないとわからない。あなたにはわからない。うん、わからない。でも、大変なんだろうという想像を否定したり、薄めようとするのはどうだろう。割とあらゆることを根に持つ人間なので、この「あなたにはわからない」を言われた何度かの経験を覚えているが、その数回は全て、「父である」人の発言だった。「母である」人から言われたことはない。あくまでも自分の経験でしかないが、子育てという経験を普遍化して、経験者として未経験者にそうやって語りかけてきたのは男性だった。経験の有無で語りたがる姿勢と、一人前云々、というのはどこかで似ていないか。

パパになるメリット?

本書の元となった連載を始めるにあたって、男性の書き手による育児本を何冊も読んでみたのだが、NPO法人ファザーリング・ジャパン『新しいパパの教科書』(Gakken)の「育児をより楽しくするパパ友作り」という項目にこんなことが書かれていた。

「パパたちはパパ友を作るのが決して得意ではありません。もともとコミュニケーション欲求の強いママは、ママ友作りが比較的得意です。子育てひろばや講座でほかのママに出会うと『お子さん、いくつですか?』と気さくに話しかけ、『ウチと同じだ!』といって共感的に反応し、すぐに仲良くなってメールアドレスを交換してママ友になる、といったことがよくあります」

半永久的に続くママ友ＬＩＮＥにストレスを溜め込んでいる友人女性に、「これ、どう思う？」と聞いてみると、速攻で、文字には起こせない厳しい言葉が返ってきた。誘導尋問というか、火に油を注いだ自覚があるのだが、この本の書き手に、火だという自覚はあるのだろうか。パパたちがパパ友を作るのが得意かどうかは知らない。でも、ママはコミュニケーション欲求が強い、という前提はどうだろう。最近の言葉で「コミュニケーション能力」とはよく聞くけれど、能力ではなく欲求。あたかも、あらかじめ備わっているもののような言い方である。パパもパパ友を作ろうと議論は進んでいくのだが、「パパだって本当は、子育てのことを語りたいのです」「でも職場では、子どもの話はなかなかできないものです」とあれば、再び手が止まる。そうなのだろうか。なんでできないのだろうか。先週末のゴルフの話よりも、よほど興味深い。私は、子どもがいなくても、子どもの話を聞いてみたいと思う。教育論に精神論をブレンドしたような話なら断るが、その細かな成長過程なら聞きたい。パパ友を作るとどんないいことがあるか。このようにある。

「パパ友との交流は楽しいものです。何より楽しいのは、パパだけで集まる飲み会です。（中略）パパ飲み会では仕事の話題はほとんど出ません。例えば『娘は何歳まで一緒にお風呂に入ってくれるのか?』といった話題で盛り上がります。パパ友は、利害関係がなく付き合える異業種ネットワークとしても、貴重な存在なのです」

パパになるメリットがあるので、パパを頑張りましょう、という言い分はこの本だけではなく、あちこちの育児体験談などからも伝わってくる。男性である自分がわざわざ踏み出す、あえてやってみる、そこにはそれなりの意味や目的が明示される。

これを読んで、あることを思い出した。思い出しながら、違和感の正体を探り当てた気がする。先日、漫画家の瀧波《たきなみ》ユカリさんと、男性優位主義をテーマに対談をした時のこと。ある場所で瀧波さんが、生理用品を学校などの公共の場所に無償で常備すべきではないかという話をしていると、そのためには男性を説得する必要があり、「それによって女性も助かるし、痔になった男性も使えるんですよ」と言い出す人がいたのだという。「そっか、男の人も女の人も助かるんだったらそうすればいいね」と話が転がっていく。瀧波さんは「いやいやいや、そこにまで男を持ち込む? 痔を持ち出してまで持ち込む?」と思ったというが、こうして、男性に承認してもらうために、これを実現すると男性にもいいことがあるかもしれないよ、と有利な条件や特別な意味を持ち出して理解してもらう。パパだけの飲み会は異業種ネットワークにもなりますよ、って、痔にも使えますよ、を彷彿させる。

そもそも、子どもを育てるというミッションが、女性に負荷をかけすぎているのだから、そこをなんとか是正しなければいけない。これは、パパとママの課題ではなく、社会全体の課題だ。自分はパパから、「参加してみたら、結構大変なんだけど、それによって自分の中でも得たものがあったんだよ」とばかり聞く。ポイントカードはママにも配られているのだろうか。私のほうが社会の仕組みをよく知っていて、相手は知らない、と言うつもりはないけれど、経験したことの価値と、この社会がどうなっているかは、並列して考えなければならないのに、前者ばかりを強調されるのってどうなのだろう、と感じている。こちらが、ポイントが足りない存在と思われている可能性はあるが、経験とその語りばかりが重視されることが閉塞的な環境を生み出している面もあるのではないだろうか。

子どもが泣いている

自分がもっとも頻繁に子どもと接するのは、公的空間である。私的空間にはいないのだから当然だ。家の近くの道を歩いていて、向こうから小さな子どもが親と手をつないで歩いてくる。歩道はそのまますれ違うには狭く、誰かが車道に下りなければならないので、こちらが早めに下りる。会釈をしてくれる人が多い。健やかなコミュニケーションである。これまでに数回、親が子どもに「お兄ちゃんにありがとうって言いな」とうながし、「あっ、ありがとう」と言われたこともある。そこまでやらなくていいのに、とは思ったが、そういう声かけはもちろん嬉しいし、素直に会釈する。

スマートな接触だけではない。子どもが、道端で大声をあげて泣いている。親は「もう知らない！　ここに置いていくから、一人で帰ってきなさい！」と怒鳴っている。自分は親ではないので、この状況を見かけると、そう言われた遠い昔のことを思い出す。人生、なんて主語を背負っていたわけでもないが、これからの人生が真っ暗になるような絶望を感じ、泣きわめいた。泣きわめいていれば、結局迎えに来てくれるという策略もあったのだろうか。その時のことを思い出しながら、スタスタ通り抜ける。

何かしらの関与をするべきなのだろうか。関与するとしたら何か。「大丈夫、その君の涙、そのうち、大切だと思える日が来るだろうから」だろうか。違う。気持ち悪い。だとしたら、親に向けて、「あなたね、こうやって怒鳴り散らすことで子どもにどんな悪影響を及ぼすのか、わかっているのですか」と切り出すのはどうか。これもまた違う。気持ち悪い。結果として、いつも、「関与しなくていいのかな、関与されたくないよな、そうだ、関与されたくないに決まっている」と関与せずに通り過ぎる。実際、そのまま置いていかれる子どもはいないだろうから、親のプランに委《ゆだ》ねる。一直線の道路ならば、時折後ろを振り向きながら様子を確認する。どうやら大丈夫そうだ。もし、大丈夫でなければ、自分はそこに駆けつけるのだろうか。そうならないことをどこかで祈っている。無責任だ。自分の目の前では大変な感じにならないでほしい、と思っているのだ。

自分にはポイントカード自体が配られていないので、子どもと接する時に、ポイントゲットには走らない。関与するかどうかを選べてしまう。たとえば、電車の中で、大声をあげて泣き叫ぶ子どもがいる。親は、叱りつけたり、放っておいたり、周囲に頭を下げたりしている。その経験がないので、親の様子に共感はない。共感はないけれど、そうするしかないのだろう、との想像はつく。自分の母親に聞くと、幼少期の自分は、人前で泣くことはほとんどなく、祖母の家へ向かう1時間ほどの電車内でも、車窓を眺めて、自動販売機を静かにカウントしていたらしい。泣き叫んだ記憶がないというか、よほどの時以外は泣き叫んでいなかったようなのだ。今の私は、泣き叫んでいる子どもが得意とは言い切れないが、当然、『週刊文春』（２０１６年11月10日号）の人生相談エッセイで、「仙台との往復を、指定席、グリーン席に座るが、そこにディズニーランド帰りの親子が騒いどるのを見たら、窓から放り出したくなるよ。そういう母子は生きている必要はないと思っとる」と書いた伊集院《いじゅういん》静《しずか》のような見解には少しも同調しない。この発言を思い出す時、子どもという存在に本格的に関与したことのない自分のほうが、子どもに対して優しさを持てているのではないかと自賛したくもなるのだが、この自賛は、基準値というか、比較値があまりにも低い。

子どもに泣かれる

子どもが泣いている、子どもに泣かれる、この状況に弱いという自覚がある。動揺しまくる。本格的に対処したことがない。とにかくミルクをあげるとか、アンパンマンを見せるとか、お気に入りのぬいぐるみを持たせるとか、イチから対処した経験を積み上げていく親とは違い、こちらは途中参加というか、参加さえしているか怪しい状態から一向に更新されない。自分の目の前で赤ちゃんが泣き始めた経験はおそらく誰もが持っている。その時、もう何十年も前に子育てを経験した人は、その経験を思い出しながら、短い時間に様々なバリエーションを試す。赤ちゃんを抱き上げる。変な顔をする。「いないいないばあ」をするなどして興味を逸らす。それがうまくいくとは限らないが、そこには確かな自信が感じられる。うまくいかなくても、自分の時にはこれでやってきたという、経験に裏打ちされた自信がある。今、子育てをしている人は、自分の子どもにやるやり方を実行する。素早い。手際が良い。日々のルーティン、それはたとえば、冷蔵庫を開けて、素早く必要なタッパーを取り出して、その流れの中で納豆のパックの残り数を数えるような、毎日やっているからこその手際の良さがある。

自分の場合、目の前で子どもが泣いているのを見ると、まず、こちらに関与してこないでほしいという感情が芽生える。こうして文字にすると、とても無慈悲に感じられるが、ひとまず正直なところだ。電車で隣り合っている人が向かいで泣いている赤ちゃんに笑顔を送り始めたりすると、えっ、そうくるか、と思う。隣にいる自分の関与も問われかねないと緊張する。友人たちと集まり、誰かの子どもが、自分にだけ注目してくる瞬間がある。具体的な動作としては、近づいてきたり、指を差してきたり、一緒に遊ぼうと誘ってきたりする。そこで嫌がることはなく、その子の親が毎日のように触れている肌の感触も自分には新鮮すぎるから、足を触ったり、ほっぺたを軽く揉んでみたりするのだが、周囲の視線が自分と子どもに集中するのが重たい。なぜならそこで、子どもに慣れていないことが可視化されてしまうから。おっ、こいつ、慣れていないなりにどんな振る舞いをするのかな、と問われてしまうから。「そうか、そうきたか」が、正解でも間違っていても、それを問われているという状況が苦手なのだ。泣かれた場合、まず泣いている子どもをどうにかしなければと思い、その次に、特に嫌がっていないことを外に向けて表明しなければと考え始める。二つのプレッシャーが同時に襲いかかる。

初めてスキーをする時、恐る恐るリフトに乗り、そのコースの頂上に降り立つ。いざ、覚えたての「ハの字」で滑ろうとするのだが、ちょっとした障害物が目に入っただけで腰が引けて後ろに倒れる。パラレルターンで滑る人にはもちろん、「ハの字」でそれなりに滑る人からも笑われる。でも、その笑いには、そのうちできるようになるという期待も込められていて、事実、その日のうちに、ある程度は滑れるようになる。スキーをやりたい、という意思がそこにあれば、それなりにできるようになる。

したいと思わないのであれば、しなければいい。それだけの話だ。だけど、子どもについては、そういうわけにはいかない。あちらからやってくる。そういう場に遭遇する。「ハの字」でさえ滑れないのにスキー板を用意されて「さぁ、どうぞ滑って」と言われる感じ。それを見ている人は経験者や上級者だ。なかなかしんどい。「子どもが苦手」なのではなく、「子どもに慣れている人に、子どもに慣れていない様子を見られるのが苦手」ということなのか。未経験のことを経験者から問われている恥ずかしさがある。

こちらの自意識が過剰なのだろうか。それとも、この歳になれば、子どもがいるのが普通で、子どもの応対に慣れているのが普通で、そうではないのは普通ではない、という意識が自分の中にあるのだろうか。「私は子どもが苦手で」と言い切る人がいる。潔《いさぎよ》いなと思う。自分はそうは言えない。どこか譲歩する。で、それは誰に譲歩しているのだろうか。

子どもだろうか。その親だろうか。世間だろうか。時折やってくる場面をなんとか乗りこなしていたら、この年齢になった。

喫茶店でゆっくりしている時に、近くの席から、子どもの大きな泣き声がする。あらゆる音を突き破って届くその声は、たちまち喫茶店の主役になる。コロナ禍では喫茶店であっても、ペチャクチャ喋っていることは少ないから、その声は隅々まで鳴り響いてしまう。お客さんもマスクをしていたり、そもそも無表情だったりするから、泣き声に対してどんな感情を持っているのかもわかりにくい。泣いている子どもの隣にいる親からしてみれば、その声によって迷惑がかからないようにしたいという思いが強く、「静かに！」「ちょっと！」などと繰り返しているのだが、むしろそれが薪《たきぎ》のような役割を果たし、もっともっと声が大きくなっていく。隣にいた、まったく別のお客さんが少し体を寄せ、ちょっとした変顔というのか、弾ける笑顔を披露してなだめようとしているのだが、なかなかうまくいかない。その空気に耐えられなくなったのか、母親が子どもを抱いて外に出ていく。店の外でなだめているが、ガラス越しに泣き声が聞こえてくる。喫茶店は、静寂を取り戻し、その声が店内にうっすら響く。

「どうぞ、そのままでいてください」

　赤ちゃんは泣くのが仕事なのだから、と聞く。誰が言い始めたのかは知らないが、その通りだと思う。でも、その仕事を受け入れる体制はなかなか整わない。喫茶店で泣きわめく。そのままでいいと自分は思う。思うけれど、伝えられない。ゴルフ場でギャラリーに向けて示される「お静かに」というプレートのように、「どうぞ泣いてください」というプレートを掲げたいくらいなのだが、そうやって許諾を得なければいけないというのはおかしい。そういう時、どう関与したらいいのだろうか。こちらは、ちょっとした変顔はできない。

「どうぞ、そのままでいてください、周囲のことを気にする必要はないんです、だって、みんなそうやってワンワン泣いてきたのだし、こうして、それなりに長く生きてきた大人がそれぞれ対応すればいいだけの話ですから、ホントに、お気になさらずに！」と伝える方法が見当たらない。そして、自分の体の中には、先述の通り、どう接したらいいのかがわからない、が残っている。未経験を指摘されたくないという思いもある。それを繰り返していると、なんか苦手、が顔を出しそうになってくる。顔を出しそうになる「苦手」を抑え込もうとする。これ、顔を出しちゃいけないいやつだ、積極的に関与しなければいけないいやつだ、という空気をビシビシ感じる。関与の方法に迷う。苦手だし、当事者ではない。でもそれは、理解していない、理解する気なんてない、ではない。そんなに単純ではないし、歩み寄りたいのだが、「さぁ、どう関与しますか、発表してください、どうぞ」という場面ばかりなのだ。すっかり緊張してしまい、自分で自分を揉みほぐすものの、歩み寄るという結果にはなりにくい。どうしたらいいのだろう。赤ちゃんが町の中で主役になるのは、大声で泣き叫んだ時。ならば、その主役をきちんと受け止めたい。町に馴染んでもらいたい。親を恐縮させたくない。萎縮させたくない。その気持ちを伝えたいと思いながらもまだまだ体が遠ざかってしまう。

変化がない

マンネリという言葉は、外側からは否定的に、内側からは自虐的に使われることが多い。辞書を引いても、その語句説明として出てくるのは、新鮮味がないこと、といった感じで、決してポジティブな表現として語られはしないし、積極的な動作には発展しにくい。でも、それは、本当に回避しなければならないものなのだろうか。恋愛の悩みを吐露する談話やアンケートの類いでは、必ず「マンネリ」という言葉がネガティブに出てくる。そうならないように新しい要素を常に盛り込まなければならないらしい。焼肉屋デートの翌週にディズニーランドへ行き、その翌週はシーサイドをドライブする。そうこうしているうちはマンネリにはならないらしく、付き合った当初はそんな感じで楽しかったものの、そのうち、そうではなくなってくる、という。ファミレスとカレー屋と居酒屋のどれかに行くだけの週末になると、マンネリになる。ここで、「でも、そういうところにいても飽きないのが、本物の付き合い、ってことなのかもしれませんよね」みたいな、怪しい肩書きで恋愛方面の仕事をこなしているコンサルタント的なことを言おうとは少しも思わない。ただ、マンネリって、そんなにいけないことなのだろうか、との疑問を残してみたい。

石川《いしかわ》さゆりは、紅白歌合戦で「津軽海峡・冬景色」か「天城越え」のどちらかを歌う。

2010年から2020年までの曲目を確認すると、見事にその2曲を交互に歌っている。ちなみに、2020年は「天城越え」だったから、2021年はおそらく「津軽海峡・冬景色」だろう（実際、そうだった）。この変化の無さを前にして興奮する。新しい曲を求めない。それでいい、それこそがいいと思われている。歌うほうは新しい曲を歌いたいかもしれないが、「いつもの感じ」の尊さが圧倒的に優っている。ベテランロックバンドが新譜を出すと、そこに新しい要素が一切見当たらない場合も多い。どこかで聴いたことのある展開を躊躇なく盛り込んでくる。変化を嫌っているのか、それしかできないのかはわからないが、結果的にこんな感じになりましたというマンネリは歓迎される。変化しないというのは、変化するのと同様に尊いことではないかとさえ思えてくる。

妻と結婚して10年が経つが、とにかく変化がない。ただただ、二人で仲良く暮らしている。仲良く、というのをポップにカタカナにすると「イチャイチャ」なんて響きになってしまいがちだが、それを頂点にして、減点方式にする姿勢自体に賛同しない。仲がいいって、そう単純ではない。武田鉄矢《たけだてつや》が「人という字は、人と人とが支え合ってできている」と言うならば（最近、訂正したらしいが割愛）、武田砂鉄は「人という字の分析なんかしなくてもいい。だって、どんな人でも人は人なのだから、それぞれが好きなように立っていればよくて、いや、座っていてもいいし、その個人を尊重していれば、距離が近くても遠くても構わない。支え合う必要があるかどうかなんて、その人たち次第だ」と言う。前者の格言集のほうが売れるのだろうが、後者は、格言集的な生き方をすると人生は奇妙に歪んでしまう、と考えている。とにかく、人それぞれでいいのだ。人と人がそれぞれに暮らしている感じがいい。以前、夫婦について語るインタビューで妻の存在を「めっちゃ仲のいい他人ですね」と答えたら、一部に怪訝《けげん》な顔をされ、一部に感激されたのだが、それ以降、その表現を使いまわしている。結構いいことを言ったと思っている。

変化を決めるのは誰か

もう5年くらい前になるのか、一度しか会ったことのない男性からFacebookの友達申請を受けたので承認ボタンを押した。そもそも自分はFacebookに投稿しないので、本を読むほどには時間がない車内などでなんとなくアクセスし、時間を潰す時くらいしか覗かない。

その時に、友達ってことになっている、その男性の子どもの成長が目に入る。1年に数回はその子の姿を目にして、うわ、あんなに小さかった子が、もう幼稚園に通う年齢になったのか、お父さんに逆らったりしているのかよ、と知る。会ったこともないのに、その子の成長の記録を通読する。おおよそ、お父さんは変化に驚くコメントを残している。できないことができるようになり、想定していた以外のことをやるようになる。歩けなかったのに歩けるようになり、親に反抗するようになる。この、目の前で起こる変化って、とにかく愛おしいものなのだろう。「我が子が成人するまでは死ねない」というような実直な想いを方々で聞く。否定するはずもない。自分以外の誰かの成長を基準に自分の存在を確かめるという行為が、自分には存在しない。その場合、自分は、それに充当する何かしらの尺度を見つけなければいけないのだろうか。妻に成長を期待しなければならないのだろうか。あちらは私に成長を期待しているのだろうか。疑問が並ぶ。その状態を不安定とするべきか、変化の可能性もある未来が残されていると考えるべきか。

友人で写真家の植本一子《うえもといちこ》さんに撮ってもらった夫婦の写真が、玄関口に飾ってある。もう4年以上前に、彼女の子どもたちと代々木公園で戯《たわむ》れていた日、すっかり疲れて休んでいる様子を撮ってもらった写真だ。次に会った時に引き伸ばして持ってきてくれたので、それを額縁に入れて飾っている。代々木公園のそばには代々木ポニー公園があり、そこでは、身長85センチ以上で小学6年生までの子どもが乗馬することができた。二人の娘さんは乗馬しながらお母さんを探し、笑みを浮かべたり、不安そうな顔をしたりしていた。その帰り道、今時珍しいタイプの駄菓子屋があったので立ち寄ると、二人は結構な時間をかけてお菓子をいくつか選び、大切そうにカバンにしまっていた。そんな時に撮った写真を、凝視はしないものの毎日のように視界に入れる。ポニーの上ではしゃいでいた二人の娘さんは今では、一人が中学生になり、一人が小学校高学年になった。もう、ポニーに乗りたいなんて思わないのかもしれないし、そもそも中学生はもう乗れない。具体的な姿形はもちろんのこと、話す内容にしても、将来像にしても、すっかり変化している。成長がそうやって可視化されるのって、外から見ていると、なんとも微笑ましいものに見える。葛藤《かっとう》もあるのだろうけれど……なんて適当に言ってしまえるのが、いかにも外部の無責任さである。

その代々木公園の写真から4年が経ち、そこに写っている夫婦二人には何の変化もない。

周辺にも大した変化はない。幸いなことに双方の両親は健在である。自分の祖母は数年前に亡くなったが、98歳の大往生で、その喪失はとても大きなものだったが、じっくりと受け止められる種類の喪失ではあって、その喪失からはいつまでも感謝が滲み出てくる。この写真に写っている二人の間に、これからずっと新たな存在が登場しないのであれば、自分の周りには、成長していく存在はなく、喪失する存在ばかりがいる、ということになるのだろうか。甥っ子・姪っ子の成長はどうだ。おじさん・おばさんとしての関与は、成長を見届けるうちには入らないのか。友人の子どもならばどうか。近所の子どもならばどうか。そもそも、子どもが「いる」とはどういうことなのか。どこからが「いる」なのか。考えれば考えるほど抽象的になっていく。概念的になっていく。でも、目の前に自分の子どもがいれば、それは抽象でも概念でもなく、具体になる。具体物の変化、これに勝るものはないのだろうか。

毎日のように視界に入れる写真を改めて凝視してみる。今の二人とはそれなりに違って見える。老けたとかシャープになったとか、造形を指摘するだけでは説明できない何かが変化している。自分たちの写真だけではない。スマホに残っている他人の写真を見ても同じことを思う。あるいは、街の風景を見ても思う。今日限りで終わってしまうテレビ番組が、始まったばかりの頃の映像を流すと、とんでもなく古いものに見える。たった数年しかやっていない番組なのに、同じメンバーと同じような企画を繰り返してきた番組なのに、別の番組のように見える。わずかな変化の連なりは大きな変化になる。変化していないと思える状態にあっても、変化はしているのだ。変化の大小って、誰が決められるのだろう。誰かに決められてたまるか、という思いがなくもない。

「何にもしないですね」

大人は大人を、状態で区分けしようとする。正社員と非正規社員、関東出身と関西出身、既婚と未婚、子持ちと子なし、「時間に余裕を持って集合する人」と「ギリギリに来る人」、「急な誘いでも休日のゴルフに付き合ってくれる人」と「急に誘うと言い訳を並べて来ない人」などなど。その区分けは単なる思い込みにすぎない場合も多いのだが、その区分けが変わることが「変化」と認識される。受け取る側の判断が変化を作るのって、おかしな話だ。別に判定をお願いしたわけではないのに。

人は、自分の置かれている状況に適合しようとするあまり、その適合から弾かれたと感じると心を痛めてしまう。自分を守るために、その状態の通例、スタンダードに無理やり倣《なら》うようになってしまう。婚姻制度など、その最たるものではないか。結婚なんて、してもしなくてもいいものなのに、しない場合、それなりの理由を求められる。結婚を決めた時に「なんとなく」と言うと、なぜだか最終的には「ヒューヒュー」方面に転がっていく。あれはなんなんだろう。結婚しないことに「なんとなく」と言うと、最終的には経験者からのアドバイスになったりする。どうして放置してくれないのかとか、うるせえ黙ってろなんてなかなか言えない。

「同じ1日はたったの1日もないのだから」みたいな安っぽい格言を方々で見かけるわけだが、実際には、同じような1日って平然とある。今週も気づいたら木曜日、あと1日で週末じゃん、という週が毎週のようにやってくる。同じことの反復は静かに疲弊する。家にいる構成員が少なくなればなるほど、同じ毎日になる比率は高くなる。先日、90代半ばの女性を取材する機会があり、マンションの一室で独りで暮らしている女性は、こちらの訪問を喜んでくれた。週1回、デイケアの施設に行くことを楽しみにしており、それを週2回に増やしたいのだが、要介護認定のランクが上がらないと週2回にはならないそう。デイケアで軽い運動をした後にしばし談笑する時間が楽しいという。「その他に楽しみなんてちっともないわ」と嘆くのだが、その嘆きが本当にそうなのか、今の状態をわかりやすく伝えるためにそのようにしているのかはわからない。とにかく毎日に変化はほとんどない。やたらと達観していた。その女性に向けて、いつまでも変化や成長を続けなければいけませんよ、と言う人はいないだろう。なぜ言わないのか。かなりの高齢だから、だろうか。その理由、なんだか失礼ではないか。逆に、私たちはいつから、変化や成長をしなくても、何にも言われずに済むようになるのだろう。

作家・町田康《まちだこう》と対談した際に言われて、とても嬉しかった一言がある。町田が断酒をした旨を綴ったエッセイを刊行した後の対談で、酒も飲まない、車も運転しない、タバコも吸わない私に向かって、ボソッと「何にもしないですね」と言ったのだ。その場では話題にならなかったものの、それに加えて、子どもも育てていないし、本当に何もしない。実際には原稿を書く仕事に明け暮れているわけだが、それを取り除くと、特に何もしていない。変化がない。で、ここで本題（ずっと本題だった気もするけど）。私たちは変化をしなければいけないのだろうか。マンネリのまま過ごしてはいけないのだろうか。

人間としての役割

芸能界には「ママタレ」と呼ばれるタレントがたくさんいて、子どもを産んだ途端、その呼称で捕獲され、そういった仕事が増えてくる。率先して捕獲されに行くこともあるのだろうし、事務所の人がそっちに行ったほうがいいとアドバイスすることもあるのだろう。その枠組みに人が殺到してしまい、かなりの密度になっているのが遠目からも見える。密度の高さを、中にいる人自身が自虐的に語る機会も多く、その手の言動を見かけるにつけ、「立場が変化した人は、なぜ、変化していない部分を語ることが許されにくくなるのだろう」との思いを持つ。

極端な話をすれば、大食いタレントが子どもを産むと、ママなのに大食い、という話になり、単なる大食いではいられなくなる。1キロのスパゲティを食べられてしまう状態は、ママだろうがママじゃなかろうが異様だと思うのだが、ママであることからは逃れられなくなる。ただの大食いではいられないのだ。メディアはその人を選ぶにあたり、理由が欲しい。選ばれたい人は、選ばれやすい理由を用意するようになる。タレントやキャスターのメディア向け資料に目を通すことがあるが、そこには、選ばれるための理由が列挙されている。「ママ」や「パパ」はその理由になっている。その理由に、「○○ではない」はない。本書のタイトルに倣うならば「父ではない」は売り出す条件にはならない。特に変化のない日々を送っていますんで、では、仕事が舞い込まないのだ（そういう意味ではこのテーマでの原稿依頼はなかなか珍しかったと言える）。

「加算されていく人生」というのか、もうちょっと正確に言えば、「加算されている状態をプレゼンしていく人生」というものに疑いや迷いがある。特に変化がない状態を選び抜いてはいけないのだろうか。いつだったか、自分より少し年上の女性が、子育てをしていると「これで、ひとまず、人間としての役割を果たせたかな、と思える」と言ったのを覚えている。「人間としての役割？」とそのまま返したのだが、続ける言葉をその場ですぐに探し出せなかった。私たちは、誰一人として、生まれてこようという強烈な意思を持って生まれてきたわけではない。生まれた後で、「さて、生まれてきたけど、どんな感じで暮らしていこうか」と考える。もう生まれて40年くらい考えているけれど、まだ答えは出ないし、出さなくてもいいのではないかとも考えている。それって答えなきゃダメっすかと、初期設定を揺さぶったりしている。

何もしない、変化しない、そういう状態に対して、あたたかくない目を向けられる。でも、表に出る仕事をしていると、その目は別の要素によって避けられるし、人知れず抱えることにはならずに済む。こうして原稿に書いて吐き出したりできるからだ。でも、「私は○○ではない」という状態はあちこちにあって、それは「私は○○である」というプレゼンテーションやエクスキューズの裏側で、体にじっとり染み込んでいく。

親になる、なりたい、なった、という話をする時、絶対に出てくるのが、自分の親の話である。親に孫の顔を見せたい、見せられた、見せたかった、というもろもろは、力強く世間に充満している。「父ではない」という子どもの状態に、親はどんな思いを持つのだろう。子は親の思いを率先して考えなければいけないのか。

親になる、というのは、人生における大きな変化に違いない。では、親にならない、というのは、大きな変化を体験していない、ということなのか。「人間としての役割を果たせた」になるならば、こちらは人間の役割を果たせていないということになってしまう。

幸せですか？

「無人島に一つだけ持っていくなら何？」「明日、世界が終わるなら最後に何を食べたい？」という定番の質問があるが、好きか嫌いかでいうと、大嫌いな質問である。もし問われても、そんな定番の質問をぶつけてしまえる姿勢を問いただす作業から始めるので、だいぶ長い間、質問に答えようとしない。無人島になんか行かないし、明日、世界は終わらない。「つまらないヤツだな」という顔を向けられるが、その質問が「つまる」と思っている判断を問い詰めていく。あと、ただ答えるよりも、「どうして無人島に行くことになってしまったのか」「明日、世界が終わることになったのはなぜなのか」を想像したい。そっちのほうが面白いに決まっている。どんな事象でも、面白いことはあらかじめ用意されたものから外れたところにあるのではないか、というのが私の持論である。

究極の質問や、究極の選択や、究極の答えがおしなべて苦手だ。究極どっちなのかと問われると、どちらも選べなかった人たちが崖から次々と落ちていく光景が頭に浮かんでしまい、まずはその人たちを救うのが先ではないかと思ってしまうので、もしかしたら世にも珍しいレベルの善人なのかもしれない。

心理学や倫理学の世界で頻繁に持ち出される「トロッコ問題」というものがある。線路を走っていたトロッコが制御できなくなってしまった。このまま進むと、その先にいる5人が轢《ひ》かれて死んでしまう。自分が分岐器を動かせば、トロッコを別の軌道に進路変更できるのだが、その先には一人の作業員がいる。この時、あなたはどうするだろうか、という問いかけだ。誰かを助けるために誰かを犠牲にしていいのか、というジレンマを議論する題材として繰り返し使われてきた。分岐器をどちらかにせずに真ん中にすればトロッコを脱線させられる、なんて案もあるらしい。なるほど妙案とは思ったものの、トロッコには誰も乗っていないという設定でよかったのだろうか。その場合、破損した車両の弁償って誰がするのか。もし、トロッコに人が乗っていれば、「避《よ》けろ！」と声を張り上げればいい。分岐器を動かせる自分も声を張り上げればいい。それに、ブレーキのきかないトロッコが向かってくることに、作業員が線路の振動などで自発的に気づくのではないかなど、最悪の結果にならない可能性をいくつも思いつく。でも、学問の世界ではそっちは問われない。自分は、そっちを問うのが学問なのではないかな、なんて思っている。

他の可能性を考えずに、簡単に持ち込まれる究極の議論が嫌なのだ。子どもがいない状態で暮らしていると、年に2回くらいは、その「究極」が暴走し、踏んづけられてしまう。

話の途中でこれから続く展開を察知した自分は、心の中で「うわ、出た！　久々のあれがくるぞ！　くるぞ、くるぞ、きたー！」と思いながら、澄まし顔で聞いている。こんな話をされた。

「ある記事で読んだんだけど、既婚者の男女にアンケートをとって、結婚生活に満足しているか、幸せかどうかを聞いたら、子どもがいる夫婦よりも、子どもがいない夫婦のほうが幸せで満足しているという回答のパーセンテージが高かったんだって。やっぱり、子育てするのって大変だし、お金もかかるし、子どもがいないほうが幸せなのかもね」

　自分は黙っている。それに続く言葉をしばし待っている。だが、それ以上続かない。どうやら、こちらが返すターンのようなのだが、特に言葉が出てこない。「そう、子どもがいないほうが幸せなんだよ」と言わせたいのだろうか。それとも、子どもがいないというのは、世の中的には一般的な状態ではないけれど、意外にもそっちのほうが幸せらしいよ、と伝えたいのだろうか。この手の幸福度調査は色々な対象を設けて、あちこちで便利に持ち出されているが、たとえば、国別の幸福度ランキングの1位がフィンランドで、日本は60位台なんです、というデータがあったとして、日本で暮らしている自分は一体、何を思えばいいのだろうか。当然、自分自身が60位だ、と思うはずはなく、60位になってしまう日本社会の問題点を考える。あくまでも自分のことではない。でも、「子どもがいないほうが幸せ」という結果を知った人たちは、「これはあなたのことですよ」と伝えてくる。伝えて、こちらの目を見てくる。こちらは「そうそう、夜泣きに悩まされないし、マジでラクだよ！」と返せばいいのだろうか。「いや、でも、老後、一人残されることとか考えると不安になるよ……」と返せばいいのだろうか。「落語家に弟子入りをしない人生のほうが幸せらしいよ」とは言わないから、「○○しないほうが幸せ」の「○○」には、普通はそっちを選ぶとされている概念・判断・生活などが入りやすい。だからこそ、「意外にも」なのだ。

結婚している・していない、子どもがいる・いない状態は究極の話になりやすい。境目が曖昧ではなくハッキリしている。でも、たとえば、「結婚しているような間柄」「我が子のように思っている」と文字にしてみると、さほど珍しい状態とも思えない。あの人やこの人のことが具体的に思い浮かぶ。この手の状態は平然と存在している。でも、やっぱり、子どもが「いる」という状況は強い。「いる」と「いない」を比較する時に、主導権は確実に「いる」に握られる。いなくてもいい、とか、いないほうがいい、という議論は、「いる」を前提に進んでいく。「未婚」や「子ナシ」という言葉は、「婚」や「子」が「未だ」「ナシ」を意味する。「やがて通過するべき行程が未だに行われていない状態」という意味だ。だからこそ、「意外にも幸せらしい」と言われる。どうして、そちらに、こちらの幸せの判断を握られなければいけないのだろう。このことを、しょっちゅう思う。でも、なかなか言えない。今、それを言って（書いて）、ちょっと緊張している。

幸せというのは感覚的なもので、誰かと比較できるものではない。いや、それはウソ。テレビのニュースなどで、大変な生活を余儀なくされている地域の人たちを見れば、「こんなところに生まれなくてよかったね」と言ったり（実家に暮らしている時、親が時折そうやって言うのがとてもイヤだった。なぜかといえば、自分にもそういう気持ちがしっかりあったからで、その気持ちというのは今も完全には消えていない）、若くして伴侶や子どもを失った人に向けられている同情の中に「自分たちはそうではない」という優位性を感じてしまうことは少なくない。幸せは、他者との比較でもたらされるものだけではないはずだが、それが手っ取り早い方法であるというのは、正直、否定しにくい。先日もテレビをつけると、何の目的を持っていたのかもわからないまま家を出ていった幼児が、残念ながら川べりで遺体となって発見されたというニュースをやっていた。カメラは「同じ子を育てる親として」という前置きで、同級生の親のコメントを拾っていた。

「親というものになりたくない」

前章で触れたように、自分の生活にはあまり変化がない。ひとまず、大きな変化がやってきそうにない。見守るべき成長はなく、これから始まるであろう老眼にしろ、本格化するであろう体力低下にしろ、近しい人の喪失にしろ、あったものが失われていく方面の出来事ばかりが想定されている。そんな事実を自分の頭の中でじっくり育てながら確認しているのだが、そっちばかりになるよと他者から軽々しく指摘されると、やっぱり機嫌は悪くなる。図星だからなのだろうか。事実だとしても、越権行為だからなのだろうか。究極の判断をされ、「意外にも幸せ」なんて言われると、身動きが取れなくなる。社会通念としての「結婚したら子どもを作るべき」を、「意外にも子どもがいないほうが幸せ」ではほぐそうとする。そのどちらも、「子どもがいない」当事者が管理しているものではない。以前、俳優の山口智子《やまぐちともこ》が、子どもを必要としない生き方についてインタビューに応じ、大きな話題になった。このように書かれていた。

「何を結婚の定義にするかにもよると思います。私は特殊な育ち方をしているので、血の結びつきを全く信用していない。私はずっと、『親』というものになりたくないと思って育ちました。私は、『子供のいる人生』とは違う人生を歩みたいなと。だからこそ、血の繋がりはなくとも、伴侶という人生のパートナーを強く求めていました。唐沢《からさわ》さんは、夫であり、家族であり、友であり、恋人であり……。唐沢さんと一緒に生きることは、ほんとうに楽しいです」(『ＦＲａＵ』２０１６年3月号)

このようにハッキリと言い切る人生観に至るまでの葛藤も述べていたが、こうして発せられる、「親というものになりたくない」「子がいる人生とは違う人生にしたい」という答えは、山口智子だから理解される。有名人だから、とは元も子もない話だが、元も子もない話を、考えもせずに普遍的な話にしてしまうのも乱暴である。これくらいの立場の人でなければ、スムーズに世の中に受け入れられることはない。このインタビューを受け止めて、山口に「いやいや、でも、子どもがいなくても本当に幸せなんですか？」と聞く人はいない（いたとしても極めて少ない）。それはどうしてなのだろう。

幸せかどうかを予測しないで

子どもがいないという状態を外から見た時、その人が、その夫婦が、子どもを欲している状態なのか、欲していない状態なのかは判別することができないし、判別する必要もない。「妊活をしています」と率先して伝える人もいるが、伝えない人が何もしていないとは限らない。男性と女性、いずれかの身体の具合によって、そもそも子どもを作ることが難しい状態にある二人も少なくない。これまた当然、その事実を伝える必要はない。ケースバイケースだ。それなのに、ケースを固定しようとする。固定した上で、意外にも幸せと言われてしまう。頼んでいないのに比較される。

女性は、男性に比べ、比較的早い段階でライフステージを選択しなければならないとされる。それは主に、妊娠できる期間が限られているから。10年近く前、時の政府が「女性手帳」なるものを導入しようとしたことがある。内閣府「少子化危機突破タスクフォース」による発案で、「(医学的に適齢とされる)30歳半ばまでの妊娠・出産を推奨し、結婚や出産を人生設計の中に組み込む重要性を指摘する。ただ、個人の選択もあるため、啓発レベルにとどめる」(『産経新聞』２０１３年5月5日)ことを目的としていた。そもそも、内閣府の組織名が、人質を救う特殊部隊のような仰々しい名前で笑えないが、彼らがやろうとしたことは「普通、こういう風に過ごすものなんだから、みなさんもそうしてくださいよ」という緩やかな強制である。奇《く》しくも「啓発レベルにとどめる」という文言が、啓発することへの疑いのなさを明らかにしてしまっている。

　政治の世界から「国難突破」などという強い言葉が聞かれる時、そこには「少子化を突破する」という目的が含まれている。国家が個人に対して、できれば子どもを産んでくれと強く要請してくることに、簡単に理解を示したくはない。子どもを育てやすい環境を整えることを優先する前に、まずは子どもを産んでほしいとせがんでくる感じがある。山口智子のインタビューを読んで、多くの人が、ことさら「自由な人だ」と思ったのは、子どもを産まない状態に向けられる声が無尽蔵に放たれて、相当な圧力がかかることを表してもいる。

2021年の自民党総裁選で強い存在感を示した高市早苗《たかいちさなえ》は、同性婚もLGBTの権利も積極的には認めない政治思想の持ち主だが、彼女は今現在も、2012年に自民党が公表した日本国憲法改正草案に規定した家族の基本原則を持ち出してくる。その草案には「家族は、社会の自然かつ基礎的な単位として、尊重される。家族は、互いに助け合わなければならない」とあった。高市はそれを踏まえ、「全てのご家庭が『社会を構成する重要な主体』としての責務を自覚し、親子が互いに養育義務や扶養義務を果たすことはもちろん、子供たちをしっかりと躾《しつ》け、先人への感謝を忘れずに良き精神文化を踏襲したならば、わが国が直面している問題の多くが解決するはずだ、と確信しています」(『月刊Hanada』2021年11月号)と書くのだ。

高市は自覚的に書いているのだろうが、彼女が家族という言葉を使う時、子どもがいる、が前提になっている点に注意したい。高市は、親は子どもを躾けるべきだと言っている。なぜそれによって、わが国の問題が解決するかはわからないし、その後、具体的に示されることもないのだが、こうして、様々な生き方を認めようとせずに、できる限りパターンを絞ろうとする力が存在している。「普通の生き方」を強固に用意すればするほど、そうではない生き方を例外化する作業が強まる。それが「絆」や「愛」といった言葉によって行使されるなんて矛盾が過ぎると思うのだが、とにかくこの作業を繰り返していく。このような考えを持つ政党が、残念なことに政権を握り続けている。政治家が、子どもたちを躾ける前提で家族観を語ると、子どもがいない状態の人はどんどんマイノリティになる。そうすると、いつのまにか、枕詞に「横から言わせてもらいますけど」とか、「今のところですが」とか、こちらが配慮しなければいけなくなる。ふざけた話である。

子どものいない私たちこそがスタンダードである、と主張したいわけではない。「子どもを持つべき」という主張を補強するために、「子どもがいない人」が「足りていない存在」と決めつけられることへの違和感が強い。そこで大活躍しているのが「幸せ」という抽象概念で、私はただ、これまで通りの生活を続けているだけなのに、外からやってきた人に「子どもがいなくて、幸せですか?」「子どもがいれば、もっと幸せになれますよ!」「でも、アンケートによると、子どもがいないほうが幸せのようですね。意外ですね」と伝えられる。

はっきり申し上げまして、誰かの幸せの確認や管理のために、こちらが幸せかどうかという予測を使わないでほしいのだ。「普通」の枠組みを強化するための「例外化の象徴」として存在したくはない。究極の選択をつきつけながら、優位性を保とうとする。その逆もある。あの人は子どもを産んでから、あれができなくなった、大変そうだ、顔がもう死んでいる、両立は無理だよ……いずれも失礼な言動である。

極端な比較から放たれる言動を止めることはできないのだろうか。「ではない」状態のほうを確認して、自分たちを肯定するという作業が、子どもを育てる、という行動の中では発生しやすい。異なるライフステージを選択した女性たちは、子育てが終わったり、終わりそうになったところで再合流する、だから、今の差異を気にしないで、といったアドバイスなどをよく見かける。でもそれって、そんなに単純な話ではないはず。気にするに決まっている。比較する行為を解かなければいけないと思う。解く方法はあるのか。

コミュニケーション能力を求めまくる社会なのに、結果的に、その人の属性によって判別される機会が増えているのはあまりに珍奇なことだ。自分の判断に他者が口を出してきた時に、なぜか、ある程度汲み取らなければ無礼、とされてしまう社会が続く。自己肯定のために、他人に究極の問いを簡単に投げること。これを止めれば社会の動きが変わってくるのではないか。「躾」よりも大切なのは、人が人にそれぞれ慎重に関与していくってことだ。安心のために、ストレス解消のために、他人を使ってはいけない。父親ではない状態で暮らしていると、自分たちはとにかく、正しい家族、あるべき家族という文脈の中で勝手に使われている感覚がある。「いない」か「いる」かの二択を問うてくる姿勢自体を問題にし続けていく。この本は、そのための反復運動のようなものだ。

「産む」への期待

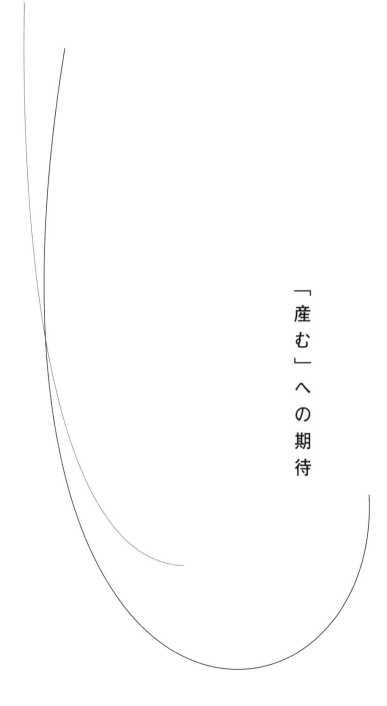

世の中にはたくさんのテレビドラマがあるが、その中から「そんなに面白くなさそうなドラマを選び、あえて見続けてみる」という、誰にも理解されない趣味が自分にはある。なぜそれを始めたのかはよくわからない。今、見ているそんなに面白くないドラマは、「独身生活を楽しんでいた女性が、大金が必要となってしまい困り果てていると、偽装結婚をしたがっていた男性と偶然出会い、利害関係が一致したので婚姻関係を結ぶ」というもの。いわゆる普通の結婚ではない形で始まった以上、ここから恋愛感情らしきものがじわじわ芽生えていくのだろうという、誰もが予測できる方向に話が進んでいく。

放送が始まってからしばらくして、主演の女性俳優が妊娠していることが発表された。その俳優はそのまま出演を続行するとの判断を下したが、前から決まっていた仕事があるのに妊娠したことに対して、「プロ意識に欠ける」との意見がいくつも挙がったようなのだ。その声は、共演者やスタッフから出たわけではなく、いつものように、視聴者というか、おそらく視聴さえしていない匿名の意見にすぎないのだが、どこからであっても発生するべきではない意見である。こういうのを放置しておくといつのまにか一般化してしまう。

「プロ意識」という言い方は曖昧に使える。たとえばこの原稿は締め切りから数日遅れているので、編集者からみれば「プロ意識に欠けるライター」なのだろうが、「締め切りが来たからと言って、満足できていない原稿を送ってしまうほうがプロ意識に欠ける」という言い訳も用意できる。「プロ意識」なるものは、漠然としたまま、発言者の主張に応じて活用されてしまう。「あの人の顔が嫌い」や「性格が合わなそう」といった文句と比べると、「プロ意識に欠ける」という言い様は、真っ当な意見に聞こえる。しかし、実際には、どんな意見よりも雑で見当外れな場合も少なくない。それっぽく感じられるけれど実は中身が伴っていない意見というのは、いかなる場面でも有害である。

自分はひとまず、ここまでの人生、男性として生きてきたが、女性の身体と比べて常に動きやすい、という自覚がある。社会は男性向けに設計されている。自分が男性という性であるがゆえに不快感を味わうことは極めて少ない。妊娠・出産にはそれなりに期限があると言われており、その期限を他人が乱暴に区切ることはあってはならないが、期限などない、と言い張ることは現時点ではなかなか難しい。その期限そのものより、「ほら、期限がありますでしょう、そろそろ……」という声とひたすら付き合わされる。近しい人からも、よくわけのわからない人からも、期限をつきつけられたりする。男性には、生殖機能に差異はあっても、世間からおおまかな期限を提示されることはない。これまでも記してきたが、男女には明らかな非対称性がある。タイムリミットをちらつかせながら、同時に「今じゃないでしょう」とタイミングをジャッジされる。妊娠を発表した際に投げつけられた「プロ意識」とは一体何なのだろう。どんな意識なのだろう。ちゃんと考えられているわけではないのだが、漠然とさせておくことで機能し続けている言い方だから、やっぱり暴力性が高い。

女性有名人が結婚した時に添えられる「なお、妊娠はしていない模様」という表現は、長いこと問題視というか、軽蔑されてきたが、このところ、さすがに減ってきたようには思える。主に、スポーツ新聞やそのウェブサイトが使いたくてたまらない表現なのだが、そもそも妊娠しているかどうかなんて、ある程度の期間は本人にもわからないはず。でも、なぜか、果敢に把握しようとする。問題は、「していない」というメッセージが「あの二人、ちゃんとした考えの持ち主」や「あの人、ああ見えてけっこう真面目なんだ」といった、その人への積極的な評価につながっている点。女性有名人は「妊娠はしていない模様」とは言われるが、男性有名人はそうは言われない。同じようにして、行為を純粋に描写するならば「妊娠させた模様」「妊娠させていない模様」となるが、それだと途端にオブラートが剝がされ、生々しくて下品な感じがする。では、なぜ、「妊娠はしていない模様」は許容されてしまうのだろう。オブラートを、誰がどのように作り、いかにして管理しているのだろう。

貞操観念が男性よりも女性に強く求められるのは、じっくり議論された結果ではなく、ただただ男性優位社会だからである。定期的に、何かしらを擬人化したアニメキャラクターが炎上している。先日は、温泉を擬人化した「温泉むすめ」のキャラクターが問題視されていた。こういう時に必ず生じるのが、批判した者に向けられる「こんなことさえ許されないのか。どんなことでも取り締まろうとする、そちらの被害妄想だ。っていうか、むしろ、そっちのほうが想像力豊かなんじゃないのｗｗｗ」という嘲笑なのだが、この「温泉むすめ」の場合、なかにはキャラクターに「『今日こそは夜這いがあるかも』とドキドキ」とコメントさせていたものもあったのだから、ニュアンスの問題ではない。観光スポットを作り出そうと、手っ取り早くアニメ作品やキャラクターとコラボする動きが止まらないが、時折、炎上してしまうのは、世の中の目が厳しくなったからではなく、それに取り組んでいる人たちがいつまでも「性差」を熟考しないからである。「これくらい大丈夫だろう」という意見を持ちたいのならば、かなり緻密に「これくらい」を設定しなければいけない。でも、緻密に問わず、外から問題視されると「これくらい」とかわす。夜這いがあるかもしれないからドキドキするというのを「これくらい」に設定できる人たちがいたとしたら、その認知の歪みに気づくところから始めるべきである。それをせずに、オブラートを自己調達して、かぶせる。剝がそうとする存在を悪しきものとして設定してみせる。

なぜ「恋愛禁止」なのか

男女問わず、「国民的」とされる人気アイドルグループがいくつもある。どういうわけか、どちらともに、恋愛の自由が認められていない。恋愛禁止って人権侵害ではないか、と事あるごとに言い続けているのだが、この主張に対して建設的な反論が返ってきたためしはない。ある物書きからは、武田の文章はそれなりに面白く読んでいるが、秋元康《あきもとやすし》プロデュースのアイドルについて語る時だけ紋切り型になってしまう、と批判されたこともある。ここで紋切り型という言葉を使っているのは、私のデビュー作のタイトル『紋切型社会』を用いて皮肉っているのだろうが、人権侵害に対しては紋切り型の言い方で構わない。奇抜な論旨など要らない。ある人気アイドルが卒業（という言葉でカモフラージュする大人の手口に、いつまでも敏感であるべきだと思う）することとなり、そのタイミングに合わせて仕込まれたインタビューで「いよいよ恋愛が解禁されますね」と問われた女性が、「いい人、見つかるといいな」と答えていた。まだ解禁されていない立場として言葉を選んでおり、その様子を微笑ましく報じていた。純潔を守るのが「プロ意識」だとされている。

もう5年以上前、テレビ局のアナウンサー職に内定していた女性が、後になって、ホステスとしてのアルバイト経験があったことが発覚、内定が取り消しになった。その理由として、人事部長名義で「アナウンサーに求められる清廉性に相応しくない」と記されていた。内定を決めていた女性側がテレビ局を提訴、和解勧告を受けて、無事に入社したのだが、この「清廉性」というものが、人前に出る若い男女、とりわけ女性に対して、半ば自動的に問われてしまっている。メディアは社会の縮図でもあるから、この「清廉性」は、残念なことに社会のあちこちで問われている。

　グループを辞めなければ恋愛が解禁されない。グループが解散してからでないと結婚が許されない。もっと素直な言い方に変換すれば、セックスをしてはいけない、という言い方もできるだろうか。これって、絶対的に、他人が介入して制限しようとしてはいけない事柄に違いない。日本の性教育は遅れている、という議論が繰り返されているが、どこまで教えるべきかという差異に議論はあっても、遅れを取り戻すという判断についての異論は少ない。北欧ではコンドームの装着方法を先生がレクチャーしてくれるんですよ、という情報は驚きをもって迎えられ、そこまでやるべきなんですよ、という意見と、それはやりすぎでしょう、という意見がぶつかる。こういうことをすると子どもが産まれます、というレクチャーは、子どもを産むかどうかを自分で決められるという社会認識と同時に進まなければいけないが、「うん、やっぱり教育から変えなきゃいけないよね」のほうにあれこれ押し付けられている。このままでは、子どもを産んで育てるという行為が、あるいはそれを選択しないという行為が、まだまだ自由に選べないままになる。教育から変えなければならないとは思うけれど、教育から変えていたら、もうすぐ40歳の自分は、「教育が変わった成果だね」と言える時には70歳くらいになっているだろう。それでは遅い。教育以外でも変えられる点はいくらでもある。

産んだ人と、育てる人と、産まない人、育てない人がいる。本書のサブタイトルにある「第三者として考える」というのは、自分が産んでいない、育てていない存在であることに根ざしている。繰り返しになるが、経験している人たちだけの語りでは、これから経験するかもしれない人たち、経験したいと思っているのにそちらに踏み出せない人たちに一方向からの声しか届かないのではないかという思いがある。一見矛盾するようだが、経験したことのない人たちもまた、「産む」への自由な考え方を獲得する必要があるのではないか。そうすれば、妊娠を発表した俳優に向けた「プロ意識に欠ける」という言葉が放任されてしまう社会は変わる。

いつ産んでもいいでしょう、別に産まなくてもいいでしょう、とにかく、決めるのはそれぞれであるべきでしょう、という社会を作るためには、子どものいない人も、産むことに対して積極的に関与する必要がある。成し遂げた者同士なら語り合える、それ以外は語らないでほしいという雰囲気作りは、どんな環境であっても窮屈にしてしまう。この経験をしたならば分かち合える、なんだって語り合えるというのは、開放的に見えて閉鎖的だ。妊娠・出産・子育てについて、そのことをずっと思う。「恋愛禁止」が成り立ってしまうのは、「そういうことはそのうちいくらでもできるのだから、今はそういうことは我慢しておいて、目の前のファンのみんな、仕事をくださるみなさんを優先しましょう」という考えがあるからこそ。そういうことって、別に、今やってもいいし、あとでやらなくてもいい。

守るべきもの!!!

ここで一旦原稿を書くのを止め、運転免許証の更新に出かけてきた。無事故無違反(その実態はペーパーゴールド)の私は、もっとも短い30分ほどの講習を受けていたのだが、封筒の中に「安全運転のしおり　世界一の交通安全都市TOKYOを目指して」という冊子が入っていた。二車線の道路を、いくつもの車が走っている。表紙には、「父が運転し、後部座席に母と二人の子どもが乗る車」と「母と赤ちゃんが乗る車」が描かれている。裏表紙には、男性一人、再び男性一人、女性一人、夫が運転する老夫婦が乗る車がそれぞれ描かれている。こうして、「普通」の人たちが例示されている。これ、最近よく聞く「マイクロアグレッション」（小さな攻撃性を意味する言葉で、相手を差別しようと意図的に発言したり、傷つけるための行動ではないのに、相手にとっては攻撃性を感じられてしまう状態のこと）の一種です、とは思わない。そういうことではない。でも、こういう状態にひとつひとつ突っ込んでいきたい、とは思う。表紙の一番目立つところに、「父が運転し、後部座席に母と二人の子どもが乗る車」が掲げられるのってなぜなのだろうかと考え込むようでありたい。

いわゆる普通の人生、いわゆる普通の家族設計というものがある。それをほぐしたい。それって、「ではない」側に与えられている役割なのではないか。結婚や子どもの有無でふるいにかけられているのは、いつだって「ではない」側なのだから。

この社会で生きていると、方々から結婚することが期待される。結婚すると、子どもを産むことが期待される。このところ、ジェンダーの問題が政治的なイシューとして積極的に取り上げられるようになってきたが、それが実際の投票行動にさほどつながっていないとわかると、もっと戦える政策提言を見つけ出さなければダメだよ、それだから支持が広がらないんだよという意見が強くなる。ジェンダー平等は、給料を上げろとか、国際競争力をどうするつもりだとか、憲法についてどう考えるかとかいう議題よりも、低いものだと思われている。とても失礼な話だ。これは基本的人権の話だ。人が好きなように暮らし、その人の判断が尊重されるようでなければならない。ジェンダーギャップ指数が明らかにするように、この国では圧倒的に女性が不利な立場にある。基準値の設定が男性向けとなっており、その男性の頭の中にある女性像が、社会の普通になってしまう。これを崩すためには、それぞれの立場から崩していく必要がある。「産む」が期待される性に対して、それはそれはたくさんのプレッシャーがかけられている。大変ですね、ではなく、そのプレッシャーを外から壊していかなければいけない。

野球選手に子どもが産まれて、その翌日にホームランを打ったりすると、アナウンサーが「パパになってから初めてのホームラン。我が子になんて言ってあげたいですか」などと問いかける。すると、野球選手は、我が子にメッセージを送った後、「守るべきものができたので、これからも一生懸命、一試合一試合を大切にしていきたいと思います。応援宜しくお願いします」と言う。それを見ながら、テレビの前で、「守るべきもの！！！」と、いくつかの「！」をつけて反芻《はんすう》する。そのように漏れなく言うことへの「！」だ。

子どもがいる状態を見つけて、ようやくここまで到達することができましたね、と伝えるのを好む。結婚し子どもを持つという「普通」の生き方をしている人々は、その仲間入りを祝福する。多くの経験者が待ち構えている。未経験者は、つい、経験者を仰ぎ見る。未経験者が「えっ、そんなの別に仰ぎ見なくていいのではないか？」と突っ込むと、その行為は訝《いぶか》しがられるのだが、自分とは異なる立場のことを想像して、意見してみるというのは、本来、優しい行為であるはず。それが、産む、育てるになると、ブロックされる。不思議だ。

「産む」への期待を溶かしたい。「産む」積極性を止めたいわけではない。消極性を持っている人に積極性をかぶせる複数の行為がある。あれを溶かしたいのだ。それは、どの立場からもできる。どの立場からもやっていかないと変わらない。「プロ意識に欠ける」「恋愛禁止」「教育から変えなければ」「守るべきものができた」、こうやって用意されている段階にヒビを入れたい。逃げ道を作りたい。スタンダードとされているものを崩す。自由な状態を作るためには、自由を訴えるだけではなく、不自由を作り出す構図を壊す必要がある。「産む」という期待は、目に見えるものではないのだが、見えないからこそ多くの人が苦しんでいるし、なかなか変わらない。

孫の顔

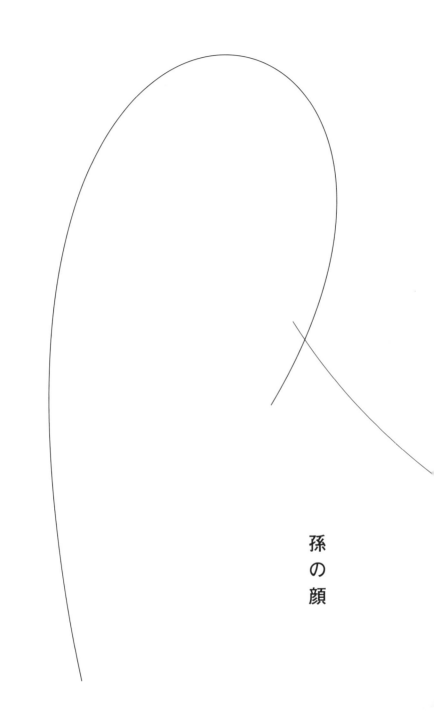

さて、恒例の時期がやってきた。年末年始ってやつだ。日頃どんな暮らしをしている人でも、なにかと改まる時期である。今年はこんなことをした、来年こそあんなことをしたい、という結果報告や宣言があちこちから放たれる。それを話すおおよその人は苦笑いをしており、この苦笑いがわりかし好きなのだ。振り返ったところで、宣言したところで、何がどうなるわけでもないと思っているからこその苦笑いだから。子どもの頃はこういう苦笑いを見せず、もっと純粋に報告と宣言をしていたと記憶しているが、その記憶も捏造かもしれない。いずれにせよ、この時期に口から出る言葉は、いつもより、形だけでも格式張ったものになる。

年末の帰省ラッシュ、年始のUターンラッシュの時には、テレビの撮影クルーが東京駅の新幹線の乗降口に出向き、「いつもの感じ」の映像をゲットしに行く。正直、昨年の映像を使っても本人以外はわからないのではないかと思えるほど、毎回同じような映像を流す。一人ではなく、二人でもなく、三人か四人の家族をつかまえて、「どちらに行かれるのですか？（行かれたのですか？）」と聞く。親が「えーと、広島まで。実家に、はい」と言い、子どもに「何が楽しみ？」と少しだけテンション高めに尋ねると、「おじいちゃん、おばあちゃんに会える！　あと、お年玉も！」と快活に答える。テレビの前で私は、「出た、いつものだ！！！！」と声をあげる。具体的には別の部屋にいた妻をわざわざ呼び出し、「ねぇ、いつものやってるよ」と言い、「うわっ、いつものだ！」との反応を得る。なかなか偏屈な人たちだが、「なぜいつもこれなのか」を考えないからこそ、毎年のように同じ映像が流れる。年が明け、Uターンの時には、孫とバイバイするジジババという映像も流れる。発車後にホームに取り残された、寂しそうなジジババの姿を映す。なんとも微笑ましい。微笑ましいけれど、微笑ましい光景の一つにすぎない。とても冷たい言い方ではあるけれど。

　年末年始には「普通の家族っていいよねモード」が発動する。メディアがそうなるし、個々人もそうなる。もし、普通の家族を築けていない場合、どうして普通の家族ではないのかと、直接的に、あるいは遠回しに問われる。正月明けに喫茶店に出向くと、どこからともなく、この手の愚痴が聞こえてきた。井《い》の頭《かしら》線浜田山《はまだやま》駅近くにある「むさしの森珈琲」から聞こえてきたのは、女性二人のこんなやりとりだった。

「また、早く孫の顔が見たいと言われちゃってさ……」

「顔以外はいいのかな。お腹とか足とか」

「なにそれ超ウケるんだけど！」

超ウケた。その場でスマホにメモするほどに、確かな怒りが感じられるやりとりだった。そして、かくありたいと思った。年末年始に求められる「普通」の圧に押された人たちが、仕切り直して、今年も思うがままに生きまっせと宣言する様子に立ち会えた嬉しさもある。そんな自分もまた、「普通の家族っていいよねモード」を浴びていた。

数年前まではよく、親から、「子どもはどうするの。考えているの？」と聞かれた。「うーん、どうだろうね」と、ものすごく曖昧に答えると、親はそれ以上は聞かず、別の話題に移行していった。深追いしないとはいえ、ほぼ毎回その手の話題をふってきたから、その頻度というか定期性はこちらへのメッセージだったのかもしれない。

この年、とにかく自分が忙しそうにしていたことを心配され、そして、その仕事の一つであるラジオに関する本が出版され、ラジオ好きの親にとっても嬉しいものだったようで、特に頼んだわけでもないのに積極的な評価を下される。とはいえ、忙しいといっても一時的だし、「どうするの？」との問いを取り下げるほどの状態ではない。でも、その「どうするの？」が消えた。特に言わなくなった。もういいってことなのか。この本の元となる連載を読んだのだろうか。この連載を批評してくれた学者の新聞コラムを読んだとは聞いた。親の頭の中を予測し、満足の基準を算出しようとする行為そのものに困惑してしまう。親がどう思おうと関係ねぇというスタンスでやってきたはずなのに。この感情というのか、判断というのか、自分で蓄えてきたに違いないものが自分に覆いかぶさっている。

浜田山の喫茶店で繰り広げられた「また、早く孫の顔が見たいと言われちゃってさ……」「顔以外はいいのかな。お腹とか足とか」というやりとりのような軽やかさが、自分になくなっていた。「普通の家族」という大通りを確認し、通りから距離を取ろうとしていた。それだけが大通りだなんておかしいだろ、的な主張を日頃はしてきたはずなのに、極めて利己的に、置かれた状況を整理している。

イレギュラーはスルーされる

年が明け、妻の実家に行く。妻の妹夫妻もやってくる。5歳と1歳の娘も一緒だ。5歳の長女は私の存在を怖がっているのか、恥ずかしがっているのか、とにかくなかなか近づいてくれない。前回会ったのは、自宅近くのホームセンターだったが、ショッピングカートを駆使して私と目が合わないように徹底してきたので、大人気ない私はフェイントをかけながらすぐ近くで顔を出すという最低の対応を見せたところ、拒否反応がさらに強くなり、ゲリラ豪雨が過ぎるのを待つようなこわばった表情でカートにしがみついたまま動かなくなってしまった。

この日も、私がいるなら行きたくない、と駄々をこねたそうで、ようやく実家にたどりついたものの、居間には入ろうともせず、暖房の届かない廊下に座り込んでしまった。「風邪引くよ」との注意喚起を物ともせず、数十分、廊下で過ごすのだった。極寒の廊下に耐えられなくなったのか、ようやく居間にやってきたものの、前回のショッピングカートと同様、こたつや食器を駆使して私からの目線を遮《さえぎ》っており、しまいには、こたつにもぐりこんだ。私が、ディズニーキャラクターのお年玉袋をチラつかせると対話の姿勢を見せ始め、今がチャンスと、立て続けに、以前プレゼントした絵本と同じ作家が描いた新作をチラつかせると、そうか、そうきたか、ならば、今日は柔軟になっても構わない、と方針転換を始めた。結果的に、1時間後には私のすぐ隣で絵本を読みふけるほどに距離を縮めた。次回会った時にはまた振り出しに戻っている可能性も高いが、とにかく、その時その時に発生した感情を優先していく姿に感心さえしてしまう。

これって、おそらく子育てしている人の多くが毎日のように体感しているものなのだろう。以前にも記したように、夫婦二人で暮らしていると、こういった短期間での感情の変化に立ち会う機会は稀なのだ。だからこそまじまじと観察するのだが、彼女の親は何食わぬ顔で放置している。この手の激変は日常茶飯事だし、夫の兄弟の誰それさんの前でもそうだったし、いや、もっとひどかったかもしれない、と言い、蒲鉾《かまぼこ》の表面がピンクのものとそうではないものを交互に食べながら、ピンクのほうが美味しく感じられるよね、と言い、手際よく、もう一人の面倒を見ていた。

妻の父親は、私に「仕事はどうだい？　うまくいってるか？」と低い声で聞いてきた直後に、「ジイジでちゅよ」と1オクターブ高い声で二人の孫と戯れている。その姿を見ながら、そんなに声色を一気に変えられるものなのかと観察してしまったのだが、こういった冷静な分析は、この手の環境ではちっとも求められていない。私たち夫婦のこれからについての言及はない。幼稚園の友達に会えるのはあと何日後、といった話題が続く。時折、こちらの話（「仕事部屋が本の山だらけになっていて地震が来たら心配」など）になっても、その話は、子どもたちの所作に変化があればそちらにたちまち移行していく。

テレビにはずっと箱根駅伝が映っているのに、どこの大学が優勝したかも気にならない。自宅で見ている時には、「ゴールした選手に防寒着をかけるチームメイトの対応は、丁寧な対応とそうではない対応がある」などと見分けていたりするのに、そんなのを吟味する時間なんて生じない。妻の実家は都内にあるので、寝泊まりするわけではない。食事をして、談笑して、数時間で帰る。

自分の家に戻ると、とにかく音の数が少なくなる。夫婦二人で、一つのテーマについてじっくり議論をする（「GACKTって今どうしているんだっけ。前に一度だけ取材したけど握手が異様に強かった」など）。話があちこち逸れていく。これが会話の基本形なので、数時間前までの細切れの会話にはもどかしさがある。あそこで出た話、もうちょっと引き伸ばしたかったよね、と中堅芸人の楽屋での反省会のような内容になる。でも、子育て中の夫婦は、そうやって、どうでもいいことを振り返る時間さえ用意されにくい生活なのだろう。

たった数時間では、結局、何も聞けなかったし、そして、何も聞かれなかった。断片的な会話だけが積み上げられていき、話題が変わり、話題同士に接続点がなくても、なぜか場が動いていった。この状態に一定の気まずさを終始感じていたのは、そこに集った三つの家族のうち、自分の家族がもっともイレギュラーだからなのだろうか。年末年始にあちこちで行われる親族の集いでは、少なくない人が肩身の狭い思いをする。結婚はまだか、孫はまだか、いつになったら働くのか、正社員になれるのか、幼馴染の誰それがこの間家を買ったそうだよ……など、各種の問いかけが五月雨《さみだれ》式に投じられる。都市圏ならばまだしも、地方の場合、なかば隔離のような状態に置かれてしまう。多くは年長者から年少者への問いかけで、世の中で連呼されるようになった「多様性」の考え方なんてまだまだ届かない、あるいは届いているのに受け止めようとしない人たちからの言葉に、心を痛めてしまう人が多発する。浜田山の喫茶店で聞こえてきた愉快な愚痴は、あちこちでやりとりされているに違いない。

うちはうち、よそはよそ

２０２１年の紅白歌合戦は、「カラフル」をテーマにしており、紅組司会・白組司会といった区分けをせずに男性も女性も「司会」と名乗るという変化を見せたのだが、変化といえばそれくらいで、いつも通りに紅組白組で採点を行い、その様子をさほど興奮気味には伝えないという姿勢によって、カラフルを表現していた。これは何かの第一歩なのだろうか。それとも、そこまでは変わらないよという意思表示なのだろうか。

世の中にある「普通」との距離感をどのように取ればいいのか。その距離感を主体的に確保できるような状況を作りたい。日頃は自分なりに実践できているのだろうが、ここぞという場面では打ち勝てなくなる。どんな人も孫の顔を見せるために生まれてきたわけではない。孫の顔を見せるようにせがまれるのは、普通ではないはず。でも、見せるのが普通ってことになっている。普通ではない、と決めつけてくる状態を、一体それの何が悪いのだと跳ね返す動きは徐々に増えてきている。とても頼もしく、エネルギーがある。でも、逆に言えば、エネルギーがなければ対抗できないものでもあり、すると、そのエネルギーを持っている人だけが「あの人は、普通ではないけど、ああやって生きていくらしい」と認められていく流れになる。その肯定って、実はとても保守的。今、ひとまず許容されようとしている多様性って、その手の、普通サイドからの、「極端なものも認めます！」という宣言かもしれない。一方、自分たちが思う「普通」の領域は、そのままにしようとする。「単身渡米し、黙々と芸術の道を極めようとしている人」と比べると、「子どもがいない夫婦」というのは「普通」寄りに位置づけられるので、「どうして、もっと普通にならないの」という誘いが頻繁に来る。前章は『「産む」への期待』と題して記したが、とても気軽に、どうして普通の状態＝子どもがいる家族にならないのか、と誘われる。期待が軽いのだ。だから否定も軽くなる。「うんそのうちまあ」とか言ってみる。なかには、その否定を砂を噛むような思いでしている人だっているのだろう。人種差別をしてはいけない、性差別をしてはいけない、こういう訴えでさえも「リベラルお得意のテーマだけど、結果、票にはつながらなかったよね。根本的に作戦を練り直さなければいけないよね」などと真顔で語られてしまう社会において、「普通の家族」は当然のように温存され続ける。強化されていく。

「普通」の中に身を置くと息苦しくなるのだが、自分も「普通」寄りにいる。このもどかしさは特殊である。特殊だがしんどくはないので、日頃はやりすごすことができる。だが、年末年始というのは、どんな人でも、置かれている現状が可視化されやすい。あたかも出走馬のように、コンディションが可視化され、それをもとに予想され、結果を歓喜されたり、落胆されたりする。この年の年末年始は、「子どもはどうするの。考えているの？」と誰からも言われなかった。久しぶりだ。たまたま言わなかったのだろうか。それとも意識的に言うのをやめたのだろうか。

「また、早く孫の顔が見たいと言われちゃってさ……」

「顔以外はいいのかな。お腹とか足とか」

この軽やかさに「普通」をぶっ壊すヒントを見つけ出したい。ある程度イレギュラーな状態であっても、乱されないようにしたい。「うちはうち、よそはよそ」、全国津々浦々の親が連呼してきたアレで切り返そうと思っていたのだが、使いどころがなかったのだ。

男という生き物

帯に「自己犠牲、執念、友情、死に様、責任、自負、挫折、情熱、変節……男だけが理解し、共感し、歓び、笑い、泣くことのできる世界。そこには女には絶対にあり得ない何かがある。男が『男』である証とは。」とある、石原慎太郎《いしはらしんたろう》『男の業の物語』(幻冬舎)から引用してみたい。ちなみに、昔、こんなことを書いていた、ではなく、2020年に刊行されたエッセイ集だ。爆笑するかもしれないが、本気でこう書いていると知れば笑えなくなると思う。

「よく『死ぬ思いで何々したよ云々《うんぬん》』と言うが、これはやはり男の使う慣用句であって、女はあまりこんな文句は口にはしまい。女の場合はせいぜい何かの病《やまい》にかかったとか、そんな病からなんとか脱したといった場合くらいのものだろう。そこらが男と女の生きざまの質的な違いということだろう」

何かの病にかかり、その病から脱することをこれだけ軽視する人も珍しいのだが、こうして始まったエッセイでは、その後、彼が「死ぬ思い」をした経験が綴られていく。ヨットレースやダイビングでの出来事を並べる。とりわけ無茶をしてしまったグアムのダイビングでは、当初、現地の病院で肋骨にヒビが1ヶ所入っていると診断されたものの、日本の病院で改めて診断してもらったら、ヒビは1ヶ所ではなく3ヶ所だったそう。私は幸いにも、これまで肋骨にヒビを入れた経験を持たないので、その痛みを知らないのだが、彼が「せいぜい何かの病にかかったとか、そんな病からなんとか脱したといった場合くらいのもの」とする「女の場合」に比べて、深刻なものとは思えないのだがどうだろう。いや、比べてはいけないのだ。病気や怪我の度合いを比較するなんて、あまりに幼稚すぎる。

　そう、とにかく幼稚なのだ。彼の本の帯に並ぶ勇ましい単語の羅列は、男だけが専有しているものではない。男が専有しようと試みてきたもの、とは言えるだろうか。専有するために、「女には絶対にあり得ない何か」などと、すぐに「女」を出して比較してしまう。限られた帯文から答えを探し出すとするならば、男が「男」である理由とは、そうやって、「女にはできないよね」という考えを共有しながら男同士の友情や情熱を捏《こ》ねようとするって辺りにあるのだろうか。排外しながら内部を肯定するというのは、本来、何よりも恥ずかしい行為だが、使い勝手が無限大な言葉（哲学や美学といった言葉を好む）を放り込み、袋の中で男たちがすし詰めになりながら、ここにいられるのは俺らだけだよねと、至近距離で肯定し合ってきた。そういう光景を目にするたび、恥ずかしくないのだろうか、と思う。

石原が死去し、彼の足跡を振り返る映像がいくつものテレビ局から流れてきたが、その中に、弟の石原裕次郎《ゆうじろう》と共にクルーザーに乗って海に出る慎太郎の映像があった。テーブルに散らばったパン屑を集めながら見ていたので、どちらが口にしたか定かではないのだが、当初、このクルーザーに女を乗せようと思っていたが、やっぱりやめて、男だけで行くことにした、と笑っていた。そこには、「男だけが理解し、共感し、歓び、笑い、泣くことのできる世界」が広がっていたのだろうか。常に女を意識し、意識しながら区別し、女とは違うんだから俺たち男は、という振る舞いは、繰り返しになるが、どこまでも幼稚だ。

新型コロナについて、「若者」という括《くく》りで語られる時、それはおおよそ20代後半くらいまでの人たちがイメージされるが、たとえば東京都若者ワクチン接種センターの接種対象者が「16歳から39歳まで」とあるように、公的には40歳未満までを若者と呼ぶ場合が多い。となると、2022年、40歳を迎えた自分はまだこの時点ではギリギリ若者とされたらしく、そうか、まだ若者だったのかとわざとらしく気づきながら、若者とはなんだろうか、なんてことをわざわざ考えてみたくもなった。

少年性、という言葉というか概念がある。曖昧ながら肯定的に使われている言葉だ。「いつまでも少年のように」だとか、「少年の心を失っていない」だとか、それだけ聞くととても純朴な印象を受けるのだが、その表現を好んで用いる人の少なくない割合が、マッチョな権威主義者だったりする。傍から見たら頑固な堅物に見えるかもしれませんが、実は心の中は少年のままなんです、というプレゼンテーションはそこかしこに存在する。再び、石原の本から引用してみる。

「女の場合は、自分の女という性を強く感じとれるのは多分初めての子供を産んだ時に違いない。それに比べて男が己の男という性を自覚する瞬間というのは、この現代になるとむずかしいことのような気がしてならない。ということは、今の世の中では大方の男たちは骨抜きにされてしまっているということか」

「男が男としての自負を抱くことが少ないというのは、国家そのものの衰弱を意味しているような気がするが。男の男としての自負の所以《ゆえん》とは、重い責任の履行の上にこそ成り立つのではなかろうか」

男は弱い生き物で、その弱い生き物が力を持つためには重い責任を背負うことが必要である……という理解でいいのだろうか。力を持つ男の多くは、こういった、男ってのはしょうもない生き物だ、という方向の言い草をとても好む。武田鉄矢は、2021年3月、『ワイドナショー』出演時に、女性蔑視だと問題視されていたCMについて議論する中で、「いや、ちょっと、（自分のような）このおじいさんには、なかなか解け辛い世の中になってきましたね」と言い、「私は西洋に比べて、欧米列強に比べて、この日本が特に女性に関して、男性優位社会って言われていますけど、そんな風に感じたことありません」とした後で「やっぱり日本で一番強いのは奥さんたちだと思いますよ」とまとめた。この感じでへらへらしていると、その後の振る舞いがおぼつかなくても許されてしまうし、やっぱ、すごいっすね、と褒めそやされたりもする。つまり、骨抜きにされちゃったと言える強さを手放そうとしないのだ。

俺たちは不安定な存在と言い張る

「自分の女という性を強く感じとれるのは多分初めての子供を産んだ時に違いない」とい

う、とってもいい加減な見解に付き合ってみたい。男性がパートナーの出産について語る時、「こんなにも自分が無力だとは思わなかった」「母という存在の尊さを知った」「やっぱり男は女にかなわない生き物なのだ」といった言い分をよく聞く。自分はまだ誰かの出産に立ち会ったことがないので、その言い分を発したことがないのだが、判を押したように同じような言葉を聞くので、自分もそう言うのかもしれない。経験者に聞けば、とにかく感無量なので、頭の中で最適な言葉を探せずに、これまでよく言われてきた言葉をそのまま発してしまう、とのこと。その言葉を聞くこちらはひとまず冷静なので、パートナーが子どもを産んだ時、このようにして、男がやたらと弱さや限界を語るのはどうしてなのだろうか、と思う。

よく、トップアスリートが、オリンピックなどの大きな大会の終了後にバラエティ番組に出て、お笑い芸人などとバトル形式で実際に競技をプレイする企画に臨んでいる。アスリートがそのゲームに勝つと、「金メダルをとった時よりも嬉しいです!」と言い、その場を盛り上げる。あれがとっても嫌いだ。なぜ嫌いかと自己分析してみれば、「そんなはずはないに決まっているし、周りもみんなそう思っている」という空気が漏れているから。

つまり、その発言は、本当はそうではないとわかっているのに言っている、その場限りの発言なのだ。出産に際して男性から聞こえる「男は女にかなわない生き物」という言い方に、これと同質の「その場限り」を感じるのは、自分が実際の出産に立ち会ったことがないから、なのだろうか。

石原慎太郎が男性優位社会の中を生き抜き、強化し続けてきたことはこれまでの言動から明らかだが、そんな彼が、「女の場合は、自分の女という性を強く感じとれるのは多分初めての子供を産んだ時に違いない」と身勝手に決めつけ、それと比較しながら「男が己の男という性を自覚する瞬間というのは、この現代になるとむずかしいことのような気がしてならない」と言い、男ってのは、なかなか大変な生き物なのですよ、とした。このハンドドリングこそが男性優位主義そのものなのだが、「骨抜きにされてしまっている」男たちが多い中で、俺は違うんだと振る舞うのは、果たして、勇敢なのだろうか。

産むことができない性、つまり俺たち男はとても不安定な存在であって、だからこそ、己を自覚するのは大変な作業、と言いたげなのだが、この日本社会は、ジェンダーギャップ指数が明らかにするように、男性優位に設計され、そして守られてきた。己を自覚するとか、自分らしくあろうとするのは、男性のほうが容易である。私自身、男性としてその自覚が強くある。でも、男性は、男性のほうが生きるのが難しい存在だとしたがる。

そんなの勝手に決めないで

芸能界で圧倒的な権威を持つ松本人志《まつもとひとし》が新型コロナの濃厚接触者との判断で、自宅で待機している間、こんなツイートをしていた。「この長い時間で考えたこと。18から何も変わってない58。やれやれ。と。しめしめ。」。その意図がどこにあるのかはわからないが、このツイートから、石原慎太郎と同質の少年性を感じ取ってしまう。男ってのはいつまでも変わらない、そして、変われない生き物だよね、という考え方は、社会システムが男性に合わせて作られているからこそ披露できること。悩んでいても、結局、そこには広い道がちゃんと用意されているのだ。やれやれ、しめしめと、変わらない少年性を保ったままでいられるのは、自分以外に負荷がかかっているからではないのかと考えるのが、大人ってやつである。

本書の担当編集者は、小学生の子ども二人を育てているが、親になるのに適性が問われないことを疑問視してきたという。たとえば、自動車を運転するのが苦手と言えば、「ああ、向いてなさそう！」と理解されるし、自分の職業が昔からの趣味の延長線上にあれば「天職だね！」なんてジャッジが下されがちなのに、親になることに関しては、そもそもそういう適性が問われない。素通りされる。そりゃあるでしょ、と決めつけられる。文句なんて言えない。言ってはいけない。もしも、子どもを抱えながら、「私は子どもを育てるのには向いてないと思う！」なんて告白した日には、とても深刻な申し立てをしたかのように伝わり、その場にいる人は困惑してしまうのだろう。子を産み、親になったのなら、ちゃんと育てるのは「人間として当然備わっている能力」「当たり前の能力」とされてしまう前提がなかなか重いという。得意・不得意が問われず、聖域化しているのだ。

この日本社会ではとりわけ、その能力は、人間に、ではなく、女性に備わっている能力とされがちで、男性がその能力を持っていると、意外とその能力がある、と褒められる。当然備わっている能力とはされない。男性が子育ての経験を語るテキストには、その「意外と」が強調されているものが多く、その結果、「子どもを持ってから、初めて○○についてよくわかった」「子育てしなければわからなかった」といった、アドバイスのような語りがあちこちに生まれる。担当編集者は、この傾向に憤っているようで、「私にとってこの10年は、着ている服に火がついて、それを消すために焼野原を転がりまわるような日々だった」と言う。石原いわく、「死ぬ思いで何々したよ云々」というのは男の使う慣用句なのだそうだが、焼野原を転がりまわるような子育てと、肋骨を折ったグアムのダイビングと、どちらも体験したことのない自分が想像し、どちらが「死ぬ思い」だろうかと想像すれば、もちろん前者だと即座に答える。

「歴史を振り返ってみても、非人間的な惨殺で身を守った女の例は稀有《けう》で、こうして見るとやはり男に比べて女は優しいということだろうか。そして往々男は残忍な権力者に共感さえしてしまう」

「そのための施設まで構えてユダヤ人を惨殺させたヒットラーや、政敵を殺すのにさんざん役立てたベリヤまでを退けたスターリンが、今でもある種の男たちに妙に人気があるのは女とは違う男のＤＮＡの故だろうか」

もう一回、石原の言葉から引用してみた。ほら、こうやっていつまでも、男を女と比較して、男の特別性を主張してくる。とてもカッコ悪い。意識的にカッコよくあろうとしてきたはずの人なのに、比較をしなければ肯定できないのだ。男というのは時と場合によっては人を惨殺するような生き物で（そんなの勝手に決めないでほしい）、女というのはそういうことをしないから優しく（そんなの勝手に決めないでほしい）、残忍な仕打ちを辞さない独裁者に男が魅かれるのは、女とはＤＮＡが違うから（そんなの勝手に決めないでほしい）。男という生き物の特性を勝手に決めつけ、強い力で肯定してみせる。

いつまでも少年でいたがる

たとえば自分と同じ世代の女性の場合、結婚の有無、子どもの有無、仕事の有無によって立場がどうしても異なり、その三つの要素を掛け合わせた結果、同質の人たちが集まりやすい。それは頼もしくもあるのだろうが、どうしても世界が狭くなってしまう可能性は否めない。片や男性は、その掛け合わせでなく、つまり、あれこれの有無ではなく、俺たちは俺たちだよな、という同質性がそのまま維持されやすい。なぜって、これまで書いてきたように、子どもがいても会社からすぐに帰らない人がまだまだ多いし、子どもがいない状態でも「いる・いない」が詮索されにくい。「18から何も変わってない58」は、体面上というかPRとしては「やれやれ」なのだが、実際には「しめしめ」の部分が大きい。そのまま保持できる仕組みが整っている。子どもを育てるにあたって、女性には育てる適性がある、なんて前提はおかしいのだが、これまで、男性の多くは、適性があるかどうかを自己診断し、あれば手伝い、なかったとしても最低限のことをするだけで褒められてきた。

女には絶対にあり得ない何か、という言い方をしなければ、男であることを立証できないようでは弱い。そういう人間と一緒くたにされるのはまっぴらごめんだからこそ、こうやってちょっと刺激的に書いてみる。男というのはそういう生き物である、と断言できてしまうのは、色々なバリエーションの中で男という生態を体感してきた、という自信があるからなのだろうか。一体、その自信はどこから来るのだろう。欲しくはない自信だが、在り処は気になる。

今、自分は、子どものいない人生を送っているので、子どものいる人生は想像するしかない。でも、想像は想像にすぎないのだから、わかる、とは思わない。でも逆に、子どものいる人生は、子どものいない人生を想像できない。これはまったく対称だと思うのだが、どういうわけか、あまりそうはならない。子どもがいるわけではない女性が、「母性が刺激された」という言い方をすることがある。それ自体、あちこちで使われすぎている感じもあって、あまり肯定的には受け取れないのだが、立場を超えて使える自由な感じは残っている。でも、「父性が刺激された」という言い方は、父親ではない男性はしない。少なくとも自分はしたことがない。となると、母性というのは女性の誰にでも備わっているものであり、父性というのは男性の誰にでも備わっているものではないのだろうか。

いつまでも少年でいられるはずはないのだが、男性が少年でいようとすることが許されるのはどうしてなのだろう。女には絶対にあり得ない何か、ってなんなんだ。そんなものあるんだろうか。そんなものないのに、あるかのように言い切れる態度こそが、何か、なのだろうか。だとしたら、ものすごく自分勝手だから、直ちにやめてほしい。

「お母さん」は使われる

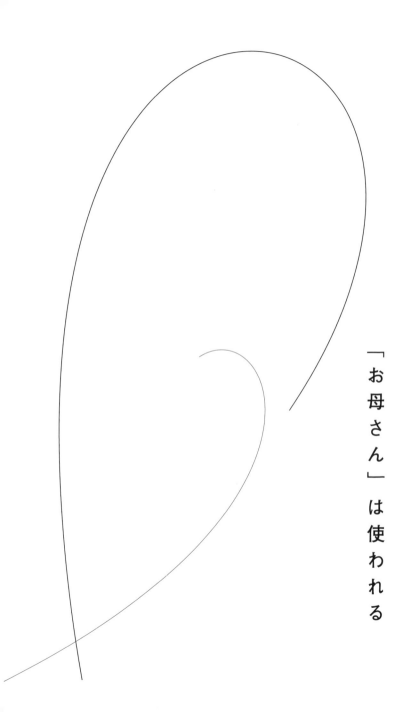

ロシアがウクライナに侵攻する模様を見ながら、スヴェトラーナ・アレクシエーヴィチの『戦争は女の顔をしていない』（岩波現代文庫）を読み直す。亡くなった石原慎太郎が、「よく『死ぬ思いで何々したよ云々』と言うが、これはやはり男の使う慣用句であって、女はあまりこんな文句は口にはしまい」などと、ひたすら男と女を比較しながら、男である自分に酔いしれている例を前章で紹介したが、いざ、このように戦争が勃発してしまうと、確かにその「男の使う慣用句」とやらが男の都合で暴発するとわかる。当該国だけではなく、いずれの国からも男たちの威勢のいい声が聞こえてくる。

始まってしまった戦争は、明らかに「男の顔」をしている。ウクライナ人の母とベラルーシ人の父を持つ、ウクライナ生まれのアレクシエーヴィチはこう書いている。

「わたしの友人の男たちは『女の論理』にあきれかえる。またもや『男の理屈』が聞かれる。『あんたは戦争に行ったことがないからな』でも、それってかえっていいことなのかもしれないでしょ。わたしは激しい憎悪を知らないし、わたしの見方は正常な見方、『戦時の見方』ではないのだから」

「『女が語る戦争』は『男の』それよりずっと恐ろしいと言える。男たちは歴史の陰に、事実の陰に、身を隠す。戦争で彼らの関心を惹くのは、行為であり、思想や様々な利害の対立だが、女たちは気持ちに支えられて立ち上がる」

あらゆるメディアで勇ましい言葉がひたすら飛び交う状態にあるが、その話者は、不思議なほど男性が多い。政治家はもちろん、ニュース番組やワイドショーに登場するコメンテーターの語りも、ＳＮＳに投じられる言葉も、あたかも自分は戦争を止める決定打を持っている、と言わんばかりの状況分析と未来予測を強気で投じてくる。まさしく、「利害の対立」をはじめとした「戦時の見方」に酔いしれる「男の理屈」だらけだ。

戦争反対、と個人で声をあげている様子を茶化しにやってくるインフルエンサーもまた男性ばかりだった。この偏りについて妻と雑談していると、「ゲームに参加して、勝ちたいだけじゃないかな」と端的な分析が返ってきた。将棋のように、麻雀のように、「こういう手もあるかもしれない」と予測しているうちに、勝手に当事者に気軽に乗り移っていく。第三者として考えること、「非当事者という当事者」でいることの意味を改めて感じながら、日々悪化していく戦禍を見る。その場で起きているであろう、想像し尽くせないはずの感情を理解した気になって、好き勝手に借りてはいけない。石原が言っていた「男の男としての自負の所以とは、重い責任の履行の上にこそ成り立つ」という言葉。それがこのように具体化すると、あまりに陳腐で、あまりに迷惑だ。力を誇示したい人たちが戦争を好む様子にほとほと呆れ果てる。長い歴史で繰り返されてきた殺し合いが、一体どのように始まってしまったのかを見せつけられている。

元大阪府知事の橋下徹《はしもととおる》が、Twitterに「日本国内でウクライナの国旗を掲げて集まってもクソの役にも立たない。ウクライナとともにあると威勢よく言っていた国会議員は直ちにウクライナに行って戦え」と書いていた。論じるに値しない意見だが、この人は、議論に値しない意見を勢いに任せて突破させるのを生業《なりわい》の一つにしているので、この手の発言にも勝算があると読んでいるのだろう。極論を投じ、勝ち負けで計測していく。計測するのは自分。こればかりやっている。

「お母さんは『ぼいん』なんだよ」

「役に立つ」のかどうか、という尺度の発生に慎重になりたい。2021年夏に、「メンタリスト」を名乗る男性が自身のYouTubeチャンネルで、生活保護受給者やホームレスと猫を比較し、「生活保護の人が生きていても、僕は別に得しないけど、猫が生きていれば、僕は得なんで」「自分にとって必要のない命は、僕にとって軽いんで。ホームレスの命はどうでもいいんで」などと述べて問題視された。その後、スーツを着て神妙な面持ちで謝ったところで世間の興味は一気に薄れたが、今では、これまで通りの動画をアップし続けている。いくつか見たが、とにかくなにがしかの価値を測り続けている。自分の尺度で測れば、自分の価値は上がり、それ以外の価値は下がり続ける。差別や戦争は常にこういった身勝手な比較から生まれてきた。

自民党の杉田水脈《すぎたみお》議員は雑誌『新潮45』（2018年8月号）に寄稿した「『LGBT』支援の度が過ぎる」と題した文章で「彼ら彼女らは子供を作らない、つまり『生産性』がない。そこに税金を投入することが果たしていいのかどうか」と書いた。石原慎太郎は、ALS患者を殺害した医師の二人について、「業病のALSに侵され自殺のための身動きも出来ぬ女性が尊厳死を願って相談した二人の医師が薬を与え手助けした事で『殺害』容疑で起訴された。武士道の切腹の際の苦しみを救うための介錯の美徳も知らぬ検察の愚かしさに腹が立つ。裁判の折り私は是非とも医師たちの弁護人として法廷に立ちたい」とツイートした（ちなみにこのツイートに関する謝罪が彼の最後のツイートとなった）。業病とは、悪い行いの報いとしてかかる病のこと。こういう考え方を持つ人たちが社会の真ん中にいる（いた）。

役に立つかどうか。能力があるかどうか。価値があるのはどちらなのか。この手の問いかけを社会的強者が繰り返せば繰り返すほど、どうしても「普通」であることにとらわれてしまう。名指しされて、おまえはいらないよ、と言われるのは怖い。おまえ、どうしてそんな状況のくせして偉そうにモノを言えるんだ、となるのは怖い。もうすっかりそうなっているし、そして、これからますますそうさせたがっている人たちがいる。あなたは生きている価値がありますか、と直接問いかけてこないにしても、あなたにどんな価値があるのか、いつも自問自答してくださいねという雰囲気を作ってくる。間接的にそういう空気を強めようとしている。そこではやっぱり「普通」が重視される。

そこで頻繁に持ち出され、便利に使われるのが「お母さん」ではないか。「男の理屈」は、お母さんを好む。先日、ラジオを聞いていたら、お笑い芸人・ＴＩＭのゴルゴ松本が出ていた。彼は2011年から少年院への慰問を続けており、その「命の授業」が話題になっている。言葉を使った授業をしているそうで、そのラジオで述べていたところによると、少年たちに向けて、「日本語の50音表ってあるよな、その最初の『あいうえお』って『お母さん』なんだよ」と話を切り出すという。母の音と書いて「ぼいん」と読む、「みんなを産む時、お母さんは『ぼいん』なんだよ、おっぱいが」と笑わせるそう。で、その日本語の始まりは何か。それが「あい（愛）」なんだと言う。全ては母の愛から始まるのだ、「始」という漢字をよく見てほしい、女の人が土台なんだ、と書いてある、とのこと。とても苦手だ。ひとまずはいい話にはなるが、そのいい話が作る拘束力のようなものが苦手だ。こうやってお母さんに何でも背負わせ、役割を決めつける。結果的に、女を、お母さんを、自分たちの都合で理由付けしていく。そもそも少年院には、様々な家庭環境で育った人たちがいるはずで、ひとりひとりと話せるわけではない場所で、全てはお母さんから始まった、と投げかけてしまっていいのだろうか。

自分は親ではない。でも、いや、だからこそ、なのか、とりわけ「お母さん」という存在が無闇に持ち上げられている場面での無批判が気になってしまう。しかもその声は、自分がお母さんになる可能性のない、つまり、男性から投じられている場合が多い。自分が親になってお母さんの大切さに気がついた、という流れをあちこちで見る。

母親に自己犠牲を強いる

少し前に大ヒットした絵本作家・のぶみの絵本に『このママにきーめた！』（サンマーク出版）がある。この絵本の帯には「ママを喜ばせるために産まれました。」とあり、その内容といえば、これから産まれようとする子どもが、どの親から産まれようかと悩んでおり、ママのお腹の中に入ってから、ママと対話を繰り返す物語だ。産まれた後で、ママに向かって、ママを選んで産まれてきたことを伝えると、ママが「うまれてきてくれてありがとう　えらんでくれてありがとう」と泣く。のぶみの「あとがき」には、「ママをよろこばすことができたら　ママ以外の人もよろこばそうとするのが子どもたちです。みんながだれかをよろこばすようになったら世界は、さらによくなるよね、世界をよくするのは、ママがどれだけよろこぶかにかかってるんですよ」とある。これもまた、「男の理屈」

なのだろうか。

同じくのぶみの『ママがおばけになっちゃった！』（講談社）は、ママが車にぶつかって死んでしまったという設定で、おばけになったママが、会いたがる子どもに「ママに　いま　おもいっきり　あってるよー」などと言い、夜になると「あなたを　うんだ　こと。それだけは、ママ、だいせいこうだった。なみだが、ボロボロ　でた。この　ために　うまれて　きたんだと　おもったわ」などと語りかける内容。この物語の設定について、のぶみは「母親が死んでしまうという設定は、絵本では珍しいし、究極の設定だと思います」と言い、子どものトラウマになるのが不安という声もあるが、と聞かれると、「逆に、子どものトラウマになったほうがいいと思います。それに、トラウマになるかどうかは、子ども自身が決めることで、大人が決めることじゃないんです」（『本』２０１５年12月号）と答えている。危ない、とても危ない。子どもは拒否できないのに、どう感じるかは受け手次第だし、ショックを受けるならばそれでいいではないかと言う。やはり、他者を想像するのではなく、他者を身勝手に使っている。

のぶみが作詞した楽曲「あたし　おかあさんだから」が炎上したのは、２０１８年のこと。その歌詞を改めて追っておくと、「おかあさん」になる前は「立派に働けるって　強がってた」けれど、今は「あたし　おかあさんだから」、「眠いまま朝5時に起きるの」「苦手なお料理頑張るの」「もしも　おかあさんになる前に　戻れたなら　夜中に遊ぶわライブに行くの　自分のために服買うの」、でも、そんなことよりも「あたし　おかあさんになれてよかった」と今の気持ちを連呼する。母親に自己犠牲を強いる曲だと問題視された。彼が創作を語るインタビューの多くでは、自分には子どもがいて、その子どもに読ませたい絵本を、と出てくる。目の前に子どもがいるのに、子どもに対する視野の狭さはなんなのだろうと、子どものいない自分は思う。いるからこそ狭くなるのか、それだけになってしまうのか、と考え始めてしまうのだが、それこそサンプルが少なすぎる。

「子供は、子供のものだよ」

２０２２年2月18日、日本医学会の委員会で、出生前検査について、これまで35歳以上としていた年齢制限をなくすことが決まった。出生前検査とは、妊婦の血液を採取し、赤ちゃんに生まれつきの病気があるかどうかを調べるもの。これまでも認定外施設では年齢を問わずに行われてきた実態がある。採血だけでわかるので母体に負担がかからないこともあり、抵抗感が少ないとされてきた。新たな指針では、30分から45分程度の遺伝カウンセリングを受ければ、年齢を問わず検査を受けられるようになる。これまで、出生前検査で陽性が出た場合、その9割が中絶を選択しており、検査を受ける年齢制限がなくなれば、命の選択、優生思想につながる可能性がある。この方針転換を伝える記事に、北里大学・齋藤有紀子《さいとうゆきこ》准教授のコメントが載っている。「この検査を社会でどう位置づけて、妊婦に何をどのように情報提供していくのかが大事だ」「『自己決定』という言葉で、女性や妊婦に責任を押しつけることはあってはならない」(『朝日新聞』2022年2月19日付朝刊)とある。生命倫理について、とりわけこの日本社会では熟議ができていない。日本語の「ぼいん」は「あい」から始まるといった「お母さん」信仰が幅を利かせているのと無関係ではない。女性や妊婦に役割を押しつけてくる。

「代理母」となった女性の葛藤を描く桐野夏生《きりのなつお》の『燕は戻ってこない』(集英社)に、誰にも恋愛感情を抱かない、セックスもしないし、子どもも欲しくない「りりこ」という女性が出てくる。彼女が物語の後半で「子供は、子供自身のものだよ」と言う。とても強い一言だった。子どもを欲していない女性が、子宮性不妊になった女性に向けて、このように言う。代理母の依頼主は、地位も名誉もカネもなんでも持っているけれど、子どもだけがいない男性だ。彼はその不全感を満たすために精子提供によって子どもを得ようとする。りりことその男性の妻、立場の違いはあるが、違いをそのままにぶつけて対話ができる強さがあった。桐野と同席する機会があったので、この発言の強さについて伝えると「自分には関係のないことだから、言える。（中略）それは男の人よりもはるかに多様性があると思います」（『ＶＥＲＹ』２０２２年４月号）と返ってきた。子どもについて考え続けている人が、子どもについて考えているわけではない人の話を受け止める。多様性、という使われすぎている言葉も、こういう光景を指すのかと思えば腑に落ちる。多様性とは、様々な意見があっていいよね、だけではなく、同じ状況ではない人の意見を時として受け止めてみること、なのだろうか。この点が、「ぼいん」的な説法には欠けている。でも、そっちに多くの人が心を動かされている。そっちばかりが正しい話として用意されていく。

自分は、子どもを産もうとしている人、育てている人に対して、「子供は、子供自身のものだよ」とは言えない。なぜ言えないかといえば、やっぱり、あなたに何がわかるのか、と返されてしまうかもしれない恐怖を強く感じるから。そう予測しているということは、あちらが「わかる」状態にあって、こちらは「わからない」状態にあると自分で納得してしまっているのだろう。でも、果たして本当にそうなのだろうか。それでいいのだろうか。線引きしてしまっていいのだろうか。

社会的強者である男性が、女性や子どもを理解しようとするのは大切なこと。男性主導であれこれを決め続けているからこそ、この国のジェンダーギャップは変わらない。しかし、その理解というのが、自分に見えている世界だけから導かれた理解であって、そこだけで理解が手早く済んでしまうと、単に理想論以外を受け付けない頭になってしまう。近くにいるママや妻から、女性を語ろうとする。人は皆、女性の体から産まれてきたが、その事実をどのように位置づけるのかについてまで、「ママを喜ばせるために産まれました。」などと語り始める。優位に立っているのが、産んだ母でも、産まれた子どもでもなく、男性たちなのはなぜか。なかなか乱暴だ。腕力で正論の幅を狭める。そのために「お母さん」を利用している。

とてもうまくいっている家庭と、そうではない家庭がある。うまくいっている家庭の男性が「お母さん」(それは実母だったり妻だったり)の存在を理想的な存在として語る様子に対して賞賛が向けられやすいのは、この社会の仕組みが変わっていない証拠の一つなのか、と考えてしまう。正しいとされる形にピタッとハマった人の語りが重宝され、そして一般化され、そうではない人の語りよりも優先されるというのは、「役に立つかどうか」を計測する社会と極めて親和性が高い。力強く使われる「お母さん」に身構える。冷静に直視すると、単なる男の理屈である場合が多いのだ。

もっと積極的に

かつて、子どもを4人以上産んだ女性を厚生労働省で表彰するのはどうか、と提案したのが山東昭子《さんとうあきこ》議員。2017年の出来事だが、ここ最近で、彼女を見かけた機会といえば、国会でのウクライナ・ゼレンスキー大統領のオンライン演説後、「貴国の人々が命をも顧みず、祖国のために戦っている姿を拝見して、その勇気に感動しております」と興奮気味に語った姿である。高揚した姿からわかるのは、自分の思っていることや感じていることを、そのまま表に出してしまう恐れのなさで、それは羞恥心を欠いた態度にも見えた。

ところでなぜ、彼女は、とにかく産んでくれ、でもなく、2人でも3人でもなく、4人以上産んだ女性としたのだろう。大した理由などないのかもしれないが、「こんなご時世にいっぱい産んでくれた女性は偉い」という乱暴な感覚だけはしっかり感じられる。たくさん産んだ女性を国が表彰するというのはあまりに奇天烈《きてれつ》だが、少し前には、国が繰り返す「国難」に少子化が含まれていたのだし、国難を突破するため、子だくさんを国が表彰する行為は、国の意向の象徴になるとでも考えたのだろうか。

厚生労働省が毎年発表している厚生労働白書、その令和3年版を読む。女性が一生のうちに産む子どもの数を表す「合計特殊出生率」は2020年で1・34と出ている。自分の両親はそれぞれ、父が１９４６年、母が47年生まれだが、両親が生まれた頃の出生率は「４」を超えていた。山東昭子は両親より少し前の42年生まれ。もしかして、彼女が示した「４」は、自分が生まれた頃の数値に戻したいものですよね、くらいの感覚だったのか。「祖国のために戦っている姿」が讃えられていた時代の数値に戻したいだけなのだろうか。

とにかくできるだけ子どもを産んでください、という圧はずっと強いままだ。その手の圧は、いやいや、ただ産めと言っているわけではありません、こちらもそのための制度設計を整えているところなのですと続くのだが、日本の出生率は70年代前半の第二次ベビーブームを境に下がり続けており、そのくせスローガンだけが繰り返され、対策はうまくいっていない。産むも産まないも個々の判断に委ねられているのなんて当然で、もしそこに介入し、国家を運営する上で子どもが必要なんですと嘆願するのであれば、まずは大失敗が続く諸政策を見直す必要があるだろう。でもなぜか、そうはならない。それでもまだ産まないのか、自分たちの頃は「４」だぞ。でも、そんな「４」なんて、もはや郷愁の類いである。このプレッシャーが効かなければ次はこのプレッシャー、と切り替えていく。ずっとこれだ。

「多くの国民が結婚したい、子どもを産み育てたい、結婚した後も子どもを育てながら働きたいと希望しているにもかかわらず、その希望がかなえられず、結果として少子化が進んでしまっているものと考えられることなどから、国民が希望する結婚や出産を実現できる環境を整備することが重要となる」

こちらもまた、厚生労働白書からの引用なのだが、こういう前提から一旦逃れたい。そして、この前提に強引に搦め捕られている人を「ほらほら、こっち」と出口に誘い出して解放したい。バリケードの前で立ちはだかるようにして叫ばれる、「産め！」「産んで！」に対して「で、そちらはどなた？」と突き返したい。こういった報告書は、書き手の顔が見えるわけではない。顔が見えそうになったら、調整して消しておくタイプの文章である。でも、だからこそ、それなのに残っている意向が気になる。よく見かけるというか、あちこちで前提として使われがちな内容ではある。

白書に「産み育てたい」という言葉がある。具体的な誰かの意向としてではなく、あたかも総意であるかのように書かれている。さすがに総意とは直接書けないから「多くの国民」となっている。確かに多くの国民はそう思っているというか、結果的に産み育てることにはなるのだが、意向が勝手に決められているのには抵抗がある。というか、意識的に抵抗したい。

みなさんは環境さえ整えば子どもを産んで育てたいと思っている、だからこそ私たちは、環境を整えるべく、力を注いでいきます、という姿勢。だが、その姿勢が「誰もが」という前提を勝手に作り上げてしまっていないだろうか。国は、意向を汲み取る必要はあるが、意向を絞ったり決めつけたりしてはいけない。少子化を改善させるためには社会環境を変えなければいけないという議論が何十年も続くうちに、「本当は子どもを産んで育てたいのだけれど」という個人の感情まで身勝手にカサ増しされていないだろうか。自分は、そのカサを減らしたいというか、実数値に戻したい。だからといって、実数値を測ろうとは思わない。測れるはずもない。簡単に測定できないものである、という自覚を強めて共有したい。コロナ禍で「産み控え」という言葉を聞く。みんなに事情を聞いてまわったかのような総称は、みんなに聞いてまわったわけではないのに、そういうことになっている。控えるとは、準備して待機しているとの意味。果たしてそれは事実だろうか。

「仕事と家庭を両立しやすい環境整備の支援」との項目が白書にある。これもまた、おなじみの文言である。両立しなければやっていけない経済状況だから、ひとまずは両立しやすくしてもらうしかない。白書の末尾には、さすがにもうこういうのやめませんか、と周知されてきたはずの文言が刻まれている。

「育児を積極的に行う男性『イクメン』を応援し、男性の育児休業取得を促進する『イクメンプロジェクト』を実施している。男性の仕事と育児の両立を積極的に促進する企業を対象とした『イクメン企業アワード』、管理職を対象とした『イクボスアワード』等表彰の実施のほか、人事労務担当者向けセミナーの実施や啓発用動画の作成、企業の事例集等広報資料の作成・配布、公式サイトの運営等により男性が育児をより積極的に楽しみ、かつ、育児休業を取得しやすい社会の実現を目指している」(傍点筆者)

もっとも頻出している言葉が「積極的」だ。男性のなかでも育児に積極的な人を、国として応援していく。ちなみに、育児に積極的な女性を応援、という言い方や方針は聞かない。女性は育児に積極的だと決めつけられている存在で、もしも、積極的になれないんですよ、という声があろうものなら、特異なものとして扱われてしまう。男性の仕事と育児の両立を積極的に促進する企業を褒め称える方針って、そもそも、男女共同参画社会の基本的な考え方である「男女の個人としての尊厳が重んぜられること、男女が性別による差別的取扱いを受けないこと、男女が個人として能力を発揮する機会が確保されることその他の男女の人権が尊重されることを旨として、行われなければならない」(男女共同参画社会基本法　第3条)から離れていると思う。男性だけに提示される「育児をより積極的に楽しみ」という、なんとも甘い条件に対し、どのような声がぶつけられるか、想像はしなかったのだろうか。

「そろそろ？」「どうしてまだ」

このところ、様々な商品の値段が上がります、との報道が続く。なぜ賃金上昇も実現できず、年金カットを強行しているような奴らが反省しないのだ、と乱暴な気持ちが芽生えるのを必死に抑える。だが、たとえばワイドショー番組を見ていると、そうはならずに、様々な節約術や、踏ん張って値段を維持するお店ばかりを紹介する。大変な状況だけどそれぞれで頑張るしかないですよね、に持っていければ、大変な状況を作ってしまった人たちは責められずに済む。この積極性は問題を隠す。先の文章に出てきた「積極的」も同じだ。頑張ってくれる人を増やしましょう、と試みる場面で出てくるが、どうしてその積極性が前提となっているのか、その積極性が隠しているものは何なのかを考えなくていいのだろうか。私たちの多くは、本当に、子どもを産みたくてたまらないけれど、なかなかそうもいかないから困っている、のだろうか。「イクメン企業」「イクボス」も、「アワード」でどうにかしようとしているのは、山東昭子の「表彰」の意向とすっかり同じである。どうして、状態を推し測られ、場合によっては国に褒められなければいけないのだろう。本当に望んでいることなら、わざわざ国に褒められなくてもやるに決まっている。

子どもができれば変わってくれると思った、でも、変わってくれなかった、という声を、知人女性から相次いで聞いた。あまりにも痛切で、返答に窮した。夫婦の仲違いをめぐる報道などでもよく聞く文言ではある。夫婦のことは夫婦にしかわからないのだから、その一方からの声を、そのまま受け止めていいのかどうかもわからない。だが、そういう声が定期的にあがる事実はある。それらの声を聞きながら、自分の中にある、子どもができたら変わってしまうのではないか、という恐れがはっきりする。二人で仲良く暮らしている今の状態がどのように変わるのだろうか、と想像し、このまま変わらなくてもいいのではないかと思う。相手もそう思っているはずだが、もちろん、詳しく知り尽くすことはできない。以前も記したように、「めっちゃ仲のいい他人」だ。別にこのままでいい、という考えが頭の中にあり、でも、それを大っぴらに言ってはいけないのではないかという考えもその隣にしっかり居座っている。あまり外で言わないようにしろよ、と自分をパトロールしている感覚がある。「いつになったら」とか、「そろそろ？」とか、「どうしてまだ」と言われるたびに、脳内でそのパトロールを突破しそうになるのだが、なんとか抑え込んでいる。

なぜ抑え込むのだろう。「多くの国民が結婚したい、子どもを産み育てたい（中略）と希望しているにもかかわらず」を前提にして話が進み、「男性が育児をより積極的に楽しめるように、とつながっていく社会だからこそ、言えないのだろうか。となると、言いたくないのではなく、言いにくくさせられているのだろうか。後者ならば、腹が立つ。「産みたい」にも、「産みたくない」にも、「今のところ産もうとは考えていない」にも様々な背景があって、自分たち以外の背景は、限られた伝聞から想像する他ないのだが、積極的か消極的かのバロメーターで計測され、積極的な声ばかり活用されると、多くの事例がこぼれ落ちていく。

いつか後悔するのだろうか

何人かの知人に「これ読んでみて」と紹介しているうちに、別の知人の何人かから「これ読んでみて」と同じ本が紹介されることが、年に数回ある。先日、自分がやりとりするメールやLINEで繰り返し話題になったのが、オルナ・ドーナト／鹿田昌美《しかたまさみ》訳『母親になって後悔してる』（新潮社）についてだった。平均3人の子どもを産むイスラエルの母親たちに向けて、過去に戻ることができるとしたら、それでも母になるか、そして、母になるメリットはデメリットを上回っているかと問い、これらの質問に「ノー」と答えた人たちにインタビューを試みた一冊だ。

著者であるイスラエルの社会学者・社会活動家は、子どもを持つことを望んでいない。

彼女は繰り返し、「子どもがいないことを後悔する」と言われてきたという。それはもはや、「母になりたくない女性を脅かす武器」であり、同時に、「女性が母になったことを後悔する可能性、または母が誰かの親ではない自分に戻りたいと望むという可能性を排除している」ものだった。「子どもがいないと後悔するよ」、確かにこれまでもよく言われてきた。その一方で「子どもがいることによる後悔」は語られてこなかった。社会が要請する母性がそれを隠し、積極的に産み育てることが正しい選択であるとされる以上、他の言い分は認められない。「話は複雑なんです。私は母になったことは後悔していても、子どもたちについては後悔していません」(シャーロット・二人の子どもの母)とあるように、後悔が顔を出したとしても、それは子どもへの愛情の欠落ではない。産んだこと、母になったこと、そこで子どもが成長していくことはそれぞれ異なるのに、子どもに無償の愛を積極的に注ぐべきである、という社会通念が何よりも上回り、母親を苦しめてきた。

「女性の産む能力と育児の必然性を合致させるという考え方は、いまだにかたくなに支持されている。さらに、母になる義務が『女性の本質』であるという表現は、生まれてきた、または養子に迎えた子どもの育児と世話をする先天的な母としての本能と生物学上の能力を、男性よりも女性のほうが備えているという考えを容認するためにも使われる」

本質だからこそ後悔するぞ、と脅される。産めば変わる、と脅される。あるいは、もう一人産めば、と脅される。この本に並んでいるのは、子どもを持つ女性の声。だから、子どもを持たない男性の自分は、ポジションとしてはもっとも遠い位置にいるはずなのだが、読みながら始終頷く。なぜ頷けたかといえば、「あまり言わないほうがいいとされている意見」を隠しながら育ててきた、という同一性があったからだろうか。

「母になって後悔していて、子どもを持ったことを後悔している」という状態と、「母になって後悔しているけれど、子どもに愛情がある」という状態は区別がつきにくく、この本に登場する母親はその伝え方・伝わり方に悩み、これまで沈黙を選んできた。子どもを産み育てるというのは積極的とされる出来事だから、その出来事の渦中にいる人は消極的なことを言ってはいけないとされる。逆に、今の私のような状態は、子どもを産み育てるという積極的な出来事に乗っかれない、まだ乗っかろうとしない状態だとされてしまう。そのどちらも、声を発しにくい。

子どもに愛情はあるけれど、後悔がある。パートナーへの愛情はあるけれど、子どもを欲しない。パートナーへの愛情はないけれど、子どもができれば変わってくれるかもしれないと願う。子どもに愛情はないけれど、後悔はない。いずれも矛盾ではない。これだけではなく、感情や状態の種類はいくらでもある。でも積極的ではないからこそ、これらの思いはなかなか表に出てこない。

かつて、「女性は産む機械」と発言して叩かれた政治家がいた。女性の体を「機械」に形容した卑劣な発言だが、そもそも女性という存在が「産む」とスムーズに紐づけられることから疑わなければならないのではないか。でも、そこから問う動きはなかった。別に産まなくてもいいという考え方は、「産む」という積極性から考えれば消極的だが、産もうと思わないという判断もまた、その人にとっては積極的なものである。

「多くの国民が結婚したい、子どもを産み育てたい、結婚した後も子どもを育てながら働きたいと希望しているにもかかわらず」……本当にそうか。子どもをたくさん産んだ女性を表彰しようと試みたりする人たちの目には、産もうと思わない積極性は映り込まないだろう。「母親になって後悔してる」とのタイトルをそのまま男性用に切り替えてみると「父親になって後悔してる」となるが、どうもそれは、早く家に帰らないとカミさんに叱られるとか、遊ぶ時間が少なくなったとか、単なる愚痴のレベルになりそうである。少なくとも、その告白は母親ほど深刻に受け止められることはなさそうだ。

子どもを産んで育てましょうという積極性、その前提をひとまず疑いたい。どんな人生設計でも構わない、と言われるようになった。当たり前だ。強いられてはたまらない。でも、こういう風であってほしいと思ってますからね、という積極性が、まだまだ事実上の強制力になっている。そこでは多くの後悔や煩悶が隠されてしまう。「母である」「父である」当事者の語りですら、望ましいものだけが選別されている。

父親になっていない、なろうとしていない状態は、いつしか、ならなかった後悔になるのだろうか。その時に何を語れるのだろうか。そこかしこで蔓延《はびこ》っている積極性を疑いたい。私はこうした、私はこうしなかった。その二つは常に拮抗していて、積極的かどうかで片方が消されてしまっていいものではない。

共感できません

どんな種類の原稿を書いても、掲載後にどんな反応がやってくるだろうかとそれなりに気にはなる。それなりに、というのが肝で、とにかく気にしてしまう、という状態を続けていると、いつしか、相手の反応を見越した原稿ばかりになってしまう。自分は「ほっこりとする、読んでくれている人にも似たような経験がありそうな、なんかちょっとイイ話を量産するタイプ」ではないので、意識しなくてもその手の書き手とは相当な距離が生まれているのだが、遠目から眺めていると、なかなか苦しんでいるように見える。

なぜって、イイ話というのは、そう簡単に転がっているものではないので、どうしても、い、い、い、い、い、い、い、い、この話をイイ話ということにする、という作業を始めてしまう。以前、作家・本谷有希子《もとやゆきこ》と対談した際に、本谷が「共感おばけに捕まらないようにしている」と述べていたのが印象に残っている。今、何を言っても書いても、うんうん共感しました、と捕まえられてしまうが、なんとかしてそこから逃げたいのだという。どんなテーマ、展開、感情だったとしても、自分に手繰り寄せ、私にも同じような経験がありますし、そういう気持ちになったことを覚えていますから……とやられてしまう。野球選手が完全試合を達成しても、命からがら戦地から逃れても、その経過の中に共感できるポイントを探し出し、捕獲して共感する。

　この時代、もはや、共感は「おばけ」のように現れるのだ。どこに現れるかわからないし、振り払ったとしてもまた出てくる。だが、この共感について、「おばけ」とネガティブに捉えるのは少数派で、むしろ、欲しくてたまらないものとして期待されているのが大半だろう。イイ話を量産する人たちは、共感を手繰り寄せるテクニックに磨きをかけている。ＳＮＳを眺めていると定期的に流れてくる「バズっているエモい話」は、その性質を探れば、似ているものばかり。書き手として絶対にやらないようにしているけれど、この手の話なら、正直、書こうと思えば書ける。文章は共感してもらうために書かれるものではないと思っているが、この意見、共感してもらえるだろうか。

　共感を探し続けていると、いつしか、共感度の高さ・低さが、そのまま相手の評価にもつながってしまう。同質性を求め、共感を高められそうな条件を探す。「30代・男・子持ち・市役所勤務・住宅ローン30年」の五つの要素が完全に合致すれば、共感度はマックスになり、「30代・女・子持ち・外資系勤務・住宅ローン30年」と、いくつか違えば共感度が半減し、「50代・女・子なし・無職・持ち家」となれば、共感度は激減する。そんな単純な話ではないと信じたいが、それくらい単純な話になってしまっている光景をあちこちで見かけないだろうか。同じような感じだから共感するし、同じようではないからなかなか共感できない。

そもそも共感を目指す必要なんてないのだが、すっかり、価値として最上位に置かれるようになってしまった。もはや、がむしゃらに共感を求める世界が広がっている。共感できる文章やコメントを書ける人が良い書き手となり、インフルエンサーになっていく。こうして共感はマーケティングによって搦め捕られる……と書こうとして念のため「共感マーケティング」という自分なりの造語で検索してみたら、そんなの、すでにいくらでも使われていた。そんなタイトルの本まで出ている。共感は、おばけではなく、すでにその正体をしっかりと現しているようだ。

結婚したくらいでうるせぇな

同世代の女性と話していたら、「展望を説明しなければならなくて、人と会うのが面倒になってきた」と漏らしていた。その人は、30代・専業主婦・子なしの女性。どういうことだろう。その展望とは何か。それは、子どもについての今後の考え方、のようなもので、あからさまに問われるのではなく、なんとなくそういう雰囲気になってくるので、言葉を選びながら口にしなければならないのだという。もしかしたら展望なんてものはないのかもしれないのに、展望を問われる。あまりにもプライベートな領域なのに、「で、どういう感じで考えているの？」と、軽い感じでナチュラルに問われる。もう3年くらい前になるだろうか、同窓会の場で飛び交っていた言葉を思い出す。「早く子ども作りなよ」「どうして作らないの」「子どもってすっごくいいよ」「もしかして妊活してたりするの」「ほら、孫の顔を見せてあげないと」。これらの発言を自分事として考えすぎると殴られていると感じる気がしたので、あくまでも他人事として、なんと乱暴なのだろうかと聞き流していたが、なぜか善意として発せられるこの手の発言は、昨日も今日も明日も、そこら辺を飛び交っている。

自分は結婚をしているが、結婚をしていることをやたらと自慢げに語る人を見ると、「結婚しているというだけでどうしてそんなに偉そうなんだ」と感じる。それは、自分が結婚しているからそう思うのか。それとも、結婚する前からそう思っていたのかどうか。

例をあげて考えたい。今、少子化は国難だ、などと言いながら、行政が「婚活」事業に取り組んでいる。この、ありがた迷惑な動きについて調べていると、埼玉県が行っている「恋たま」という婚活支援を知った。これは、埼玉県で暮らしている男女に登録を促し、その中からＡＩ（人工知能）によってマッチングを行うサービスのこと。この手のサービスが全国の自治体で広がっているが、なぜかといえば、必要なシステム経費などのうち、3分の2を国が補助してくれるから。少子化対策として婚活支援を強化する流れは、なぜこの国の出生率が上がらないかをいつまでも考えようとしない宣言にも聞こえるが（雇用改善、賃金上昇、共働きでの体制確保などを優先すべき）、この「恋たま」のサイトには「成婚者の声」という欄があり、30歳・男性のコメントとして、「いきなり結婚の話をするとドン引きだから差し障りのない話から共通点を見つけて仲良くなってください。9割ぐらい相手に合わせればうまくいくでしょう。スーツを着ろ。床屋行け。髭をそれ。鼻毛を切れ。背筋を伸ばせ。相手の目を見て話せ」と書いてある。これに対して、もちろん、「結婚したくらいでうるせぇな」と思う。

おそらくこの自分の意見は、圧倒的な共感を得られるはずだが、それは、自分が結婚しており、その上で嫌がっているからであって、もし自分が未婚だった場合、妬《ねた》みや嫉《そね》みのようなものが勝手に付着させられてしまうのではないか。共感は、あらかじめ立場が共通しているほど発生しやすい。「そうそう、私も、ずっとそう思ってたんだよね！」が共感の基本形である。「私はそういう立場ではないけれど、考えてみれば、そういうこともあるのかもしれません！」では、共感としては弱い。本当はこれくらいの弱い共感も多いはずなのに、共感マーケティングが研ぎ澄まされていくと、自分の近くに「これ、共感できますよね！」というハッキリした題材ばかりが擦り寄ってくる。そうすると、他者への想像力なんてものをさほど持たなくても暮らせるようになる。結婚しただけで、自治体のサイトで、髭をそれ、鼻毛を切れ、背筋を伸ばせと講釈を垂れてしまう感じというのは、結婚したことで押し寄せる共感に素直に酔いしれているからなのだろうか。自分が結婚を決めた当初、結婚した者同士の連帯に巻き込まれそうになる場面がいくつもやってきたが（例：会社の上司に「おまえにも守るべきものができたな」と祝いの酒に誘われるなど）、結婚してからも、鼻毛は伸びがちだし、背筋は相変わらず伸びていない。

「あなたにはわからないと思うけれど」

とても有名な俳優が第一子出産を発表し、「初めて自分の命よりも大切だと想える存在が誕生した事に心から幸せを感じています」とコメントを残していた。それを読んで、なんだか体がこわばってしまう。その記事に対するコメントとして、「体をこわばらせています」とする方向性のものは皆無で、圧倒的な共感と羨望が寄せられている。こわばった理由はもちろんこれだ。子どもというのは、自分の命よりも大切な存在なのだろうか。

この問いかけは、自分には投じる権利がないものなのだろうか。とても悲しい事件・事故で若い命が奪われてしまった。そういう時、亡くなった子の祖父・祖母や、近くに住む高齢者にマイクを向け、かなりの確率で「私が代わってあげたいくらい……」という痛切な言葉を引っ張り出す。この時にも、自分は体をこわばらせている。奪われてしまった命とまだそこにある命を比較して、代わってあげたかったとする。それがたとえ話であり、悲しい気持ちを伝えるための手段だとわかっていても、体がこわばる。その声に圧倒的に共感する人たちがいて、その前で、共感してしまっていいものなのだろうかと塞ぐ自分がいる。

　この問いを投げかけるのも、答えるのも、おそらくこれまでずっと、子どもを持つ人ばかりだった。「それはもうそうでしょう、当たり前でしょう」という回答しか用意されていない誘導尋問だが、この押し付けがましい連帯に警戒心を持った親が「いいえ、子どもには子どもの人生がありますから」と答えたとしても、それは、深い愛情のゆえにあえてそう言っている、という方向に落ち着いてしまう。

　とにかくもう、そういうことになっている。でも、そんなことはないかもしれない。長年、子どもを持つ女性に向けたファッション雑誌で連載をしているので知っているが、子どもの存在はとにかく共感のためのツールとして使われている。「街角スナップ」企画に登場する女性には、年齢だけではなく、子どもの性別と年齢が記されている。子育てという初めての経験において不安に感じる機会は多いから、その緊張をほぐすために経験者が語るのは重要なこと。そのほぐし方はおおよそ、私にもこういうことがあったから大丈夫、というものなのだが、そこで生まれる共感のかたまりを見ていると、さすがに自分たちの共感のために子どもを使いすぎなのではないか、なんてことを思う。実際、それくらい不安になるのだろうし、自信を得にくいのだろうし、この先が見えない気持ちにもなるのだろう。「私だってそうだったよ」という声かけを、共感マーケティングが吸い取ろうとする。

2021年8月、新型コロナの感染が拡大している最中に妊娠8ヶ月の女性が感染し、医療体制が逼迫《ひっぱく》していたために入院できないまま出産を迎え、残念なことに赤ちゃんが亡くなってしまう出来事が起きた。あまりに痛ましく、新聞記事を読みながらこみあげてくるものがあった。あるニュース番組でその経緯を伝える男性アナウンサーが原稿を読みながら涙を流してしまい、進行がままならなくなってしまった。医療機関にアクセスできない状態のくせに、政府は「自宅放置」ではなく「自宅療養」と言い張ったが、こういった悲劇が生まれてしまった。淡々と読むことが求められるアナウンサーの気持ちが揺さぶられるのもよくわかる。プロ意識に欠けるといった声もあったようで、その点を後日謝罪していたが、感情が表に出るのを制御しようとする他者って、一体何様なのだろうか。

とはいえ、批判よりも圧倒的に賛同の声が多かった。それはなぜか。この男性アナウンサーの妻が妊娠中で、つまり、同じような境遇にあるからこそ、涙をこらえきれなかったのではないか、という話にまとまっていったから。なぜその人が泣いたのかを詮索し、該当する条件があったからこそ共感してしまったのではないか、という方向に急ぐ。命が失われたというニュースに向けられる想いに優劣などないし、優劣を設定する人がいるのだとしたら、その行為は残忍に思えるのだが、とにかく当事者だからこその涙だった、と結論づけられた。

しばらくして、そのニュースを読んで泣いてしまったアナウンサーがネット媒体のインタビューに応じ、泣いた理由について、「あまりにも境遇が重なってしまったということもあって、言葉に詰まってしまいました」と答えていた。もちろん、インタビュー原稿だから、その前後に様々な言葉を述べていたものがわかりやすく編集されている可能性は残るが、境遇が重なったことを主な理由にしていた。やっぱりここでも共感である。子どもにまつわることの多くが共感で動いていく。子育てしにくい環境がなかなか改善しないこの国において、その共感は強い結束を生む。境遇が重なったもの同士でなければわからないことがある。確かにそうだろう。でも、そこから、「あなたにはわからない」がいくつも生まれていることを知ってほしいと、何度でも思う。こちらとしては、ただただ毎日暮らしているだけなのに、なぜか、「子どもがいないあなたにはわからないと思うけれど」を度々頂戴する。これは自分にとっては分断ではない。だって、こちらから断ち切る意思なんてないのだから。でも、断ち切られてしまう。これが悔しい。悔しいから分析すると、そこに「共感」というアイテムがあって、そのアイテムを強化するために「あなたにはわからない」が用意されている。

これまで通り暮らしているだけなのに

「子持ち」と「子なし」の分断は、とにかくよく語られる。スローガンとして「多様性」が叫ばれるようになった現代では、分断せずに仲良くやっていこうよという方向性が大半だが、こちらは分断しているつもりはない。なにせこちらは何も「変化」してはいないのだ。ちょっと冷淡な言い方も許してもらえれば、子どもを持つ人たちが共感し合って、結びつきを強化している過程の中で、つい、自分たちと境遇が異なる存在と距離を置く行為を繰り返していないだろうか。もはや、どこからでも出現する共感は、子どもに対して、というより、子どもを育てるという状況に対して生まれやすい。「いいパパになりそう、ママになりそう」という「たられば」は、「たられば」のくせに圧倒的な共感をもって歓迎される。たまに言われるが、なんだそれ、と思っている。共感が、ただじっとしているこちらに対する「あなたにはわからない」を生む。これが結構つらい。だって、こっちは手をあげて、「オレにだってわかりますよ！」とディベートを挑んでいるわけではないからだ。

「憲法改正に賛成ですか、反対ですか」という議論が分断を生むのは当然で、それは、主張の方向性がまったく異なるから。それでも折り合う点を見つけたり、ちっともそうはならないままだったりするわけだが、子持ち同士で繰り返される共感と、その副産物のように「子なし」に向けられる「あなたにはわからない」が一方的に断絶を作る。子育てについては、文字通り「子どもを育てている人」の言説の量が圧倒的で、それに対して異なる角度から物を言ってみよう、考えてみようというのが本書の企図であるわけだが、これを言ったらああ言われるのではないか、知らないくせに何を言うなどと片付けられてしまうのではないか、という怯えが存在し続けている。

日頃、それなりに厄介な話題（政治やメディアなど）について突っ込んで書いているつもりなのだが、子なしが子どもについて書こうとすると怖気付《おじけづ》いてしまう度合いが強い。なぜなのだろうと考えると、そこには、子育てをしている人たちが、その状態をなんとかして保つために強化してきた共感の存在がある。その共感は、おおよそ善良なものとして伝えられるが、実はそうとは限らないのではないか。果たして、この見解は誰かに共感してもらえるのだろうか。分断を煽っているのではない。何度も言うけれど、こちらはただじっとしているだけだ。毎日、これまで通り暮らしているだけなのだ。

人間的に
成長できるのか

有名人の自死のニュースを目にするのがとにかく辛いのだが、その途端に始まる詮索ほど暴力的なものはない。自宅前から中継したり、最近のインタビューなどから強引に兆候を探ろうとしたり、それを伝えるアナウンサーやコメンテーターは悲しんでいる表情をしているものの、薄い皮を一枚剝がせば表情が正反対になるのではないかと思えるほど、前のめりになっている。その報道姿勢への疑問を原稿にしようと、各種ネットニュースをチェックする。芸能人の名前を検索窓に入れると、関連検索ワードに「子ども」と出てきて、体が硬直する。一体それは、どういう意味なのだろうか。どういう狙いなのだろうか。試しに、別の自死した有名人についても検索窓に入れると、「子ども」が出てくる。試すべきではなかった。試してしまったことを後悔する。

有名人が自死すると、多くの人がその人の「子ども」について検索している。どうしてだろう。想定できるのは二つ。その人に子どもがいたとしたら、その子どもは大変辛い思いをしているだろう、もしかしたら、もうすでにコメントを出していたりするのだろうか、という方向。もう一つは、その人が結婚しているのに（結婚していたことがあるのに）子どもがいないのだとしたら、なんで子どもがいないのだろうか、という方向。検索した以上、どうしてもクリックしてしまったのだが、「○○○○に子どもがいない4つの理由！いじめや不妊、不仲説も？」という、憶測のみの記事が出てきた。

もちろん、「いない」を自死の直接的な原因として書いているわけではないが、それが原因の一つとなったのかもしれません、くらいの匂わせ方をしている。こんな憶測を受け止める必要はないのだが、こうして自由に憶測ばかり放り投げられていると、そのうち、これを元に断定し始める人が出てくる。ネット空間の悪しき慣習を考えれば、この手の記事の氾濫《はんらん》は問題が大きいのだ。なぜこういう記事が必ず出てくるかといえば、そうやって検索する人がいるから。結果的に自分もクリックした一人になってしまったわけだが、なぜ多くの人が、そういう状況に陥った人の「子ども」を検索するのだろうか。子どもがいたら、どうなるというのだろう。いなかったら、どうなるというのだろう。それを知って、一体どうしようというのだろうか。物語を作り上げて理由を絞ろうとする意向が感じられて、なんとも心地が悪い。これまでも何度も浮上してきた問いだが、なぜ、子どもの有無をスタート地点にあれこれ語ろうとするのだろう。

先日、担当編集者と打ち合わせをした時、書いてほしいテーマとして「成長について」

と「未来を考える」というものを提示された。話を聞いてみると、「子どもを持つと、人間的に成長すると言われがちだ。あまりにも曖昧な言い方なのに、もう、当たり前のように言われるが、本当にそうなのだろうか？」という疑問と、「未来を語る際に、『自分の子どもが大人になった時にこんな日本では……』と枕詞につけられがちなのはなぜか？」という疑問を持っていた。子どもを育てている編集者が、育てているわけではない自分にそう問いかけてくる。本来は反対であるはず、というか、こちらこそ、「ところで、子どもを持つと人間的に成長できるんでしょうか？」「ところで、子どもを持つと、将来の世界に不安や期待が強まるものですか？」と聞きたい。でも、それをあえて第三者に語らせるというのが、本書の企図でもあるわけなのだ。その問いかけに積極的に乗っかってみるのもいいかもしれない。今回はまず、「子どもを持つと人間的に成長できるのか？」から考えてみたい。

そもそも、成長とは、とても曖昧な概念である。比較したり共有したりしにくいものだ。どんな人間であっても、月日を積み重ねていけば、経験は増えていく。その経験の質を一方的に決めつける第三者がいたら（たとえば、特定の仕事について「あんなのは誰でもできる仕事だから給料が低いに決まっている」と述べたインフルエンサーがいるのだが、そういう断定をしている態度に対し、いつになったらこの人は成長するのだろうかと思う）、なぜあなたにそれが、と突っ返したい。結論というか、ひとまずの見解はすぐに出る。子どもを持つと人間として成長する、のではなく、子どもを持つと人間として成長したと感じやすい、のではないか。

「いいお父さんになると思うよ」

これまで何度も「いいお父さんになると思うよ」と言われてきた。比較対象がいるわけではないが、そう言われてきた回数が人よりも多い気がする。そう言われるのは決まって、誰かの子どもと戯れている時で、子どもとの意思疎通がうまくいき、上機嫌を保てている様子を見て、そのように評される。その場で泣き出されてしまうこともあるものの、我ながら、よく打ち解けられているなと感じる機会も多い。で、そうやって戯れ続けることができる様子を褒めようと、「いいお父さんになると思うよ」と向けられるのだ。

一般的に、子どもと接することは忍耐力や臨機応変さなど、思うようにいかない物事に対応する力が求められるとされている。それはそうだろう。だが、子どもを持たなければ、そのような状況に置かれることはないのだろうか。

数日前、友人女性とその娘たちと一緒にレストランで昼ごはんを食べていた。自分の向かいに友人と次女、自分の左側に長女が座っている。たしか長女が4歳で次女が1歳だ。あまりじっとしていることが得意ではない長女なのだが、自分と隣り合っている間、その場を離れたり、親から叱られることはなく、仲良く過ごすことができた。

なぜそれができたかといえば、なんら捻《ひね》りのない理由になる。自分が彼女に対して、こうすれば機嫌を保ってくれるのではないかとその都度考え、トライ&エラーを続けたからである。外から見ればたいそう「いいお父さんになる」と思われがちな様子だったに違いないが、自分が彼女とのコミュニケーションに成功し続けたのは、「もし子どもがいたら」ではなく、「こういう人にはこうやって接したほうがいいはず」と考えた所作を、自分なりに考え、繰り返していたからである。ただそれだけでしかない。父性ではなく、コミュニケーションのテクニックである。

メニューを開き、お子様セットの内訳をチェックしている彼女の左肩を、自分がやっているとはわからないように背後からツンツン突《つ》いてみる。彼女は急いで左側を見るが、そこには誰もいない。隣のテーブルでは中年女性たちが談笑している。続けて、もう一回やってみる。もう一度左側を見る。おかしい。そんなはずがない。彼女の中で、ツンツンしてきたのは隣にいる私だと気づいたようで、こちらを見て、「どうしてそういうことをするの」という顔をする。もう一回くらいやっておくかと手を出そうとすると、先読みしていた彼女がその様子を発見し、「あー!」と声を出す。「どうかした?」「さっきからやってるでしょ」。さて、ここからどうするか。

そんなのケースバイケース

ここで生じる選択肢は二つ。「うん、やってるよ!」と「えっ、やってないよ?」だ。どちらを選ぶかは賭けである。賭けに負ければ相手は一気に不機嫌になるだろうし、場合によっては泣き出すかもしれない。どちらかの選択肢は大正解で、上機嫌に拍車がかかるかもしれない。自分はこの時、「うん、やってるよ！」を選んだ。「最初から気づいてたからね」と彼女が続ける。今度は、遠く離れた厨房のほうを指差し、「ねぇ、見て見て」と言う。そっちに視線を奪われている間に、左肩をもう一回突く。彼女は「わかってるからね」と満面の笑みである。こちらは、一切の表情を消して、「えっ、なんかあった。どうしたの？」と話しかける。彼女は呆れた表情をしている。

彼女が食事に夢中になっている間に、彼女が気に入っている小さなぬいぐるみを母親からもらい、自分の頭の上に載っけてみる。大きなハンバーガーを食べながら、「このハンバーガー、辛《から》いけど美味《おい》しいよ。○○ちゃんのサンドウィッチはどう？」と聞くと、「うん、美味しいよ」と言いながらこちらを見る。頭の上にはお気に入りのぬいぐるみが載っている。口をモゴモゴさせながら「あ！」と叫ぶ。その表情は怒りというよりやはり呆れで、こいつのやってくる方向性はいつも同じだな、バリエーションがねぇな、という感じ。

それでも、ぬいぐるみを奪い返さなければいけない。靴を脱ぎ、椅子の上に立ち、図体の大きな自分の頭の上に手を伸ばそうとする。伸ばそうとした途端に、空気椅子の要領で座った格好のまま体を持ち上げていく。せっかく椅子の上に立った彼女なのだが、ぬいぐるみを載せたまま上がっていく様子を見て、ジャンプを始める。椅子のクッション性が高かったこともあり、たいしたジャンプができない。むしろ、ジャンプをしないほうがいいくらいだったが、彼女はジャンプを繰り返す。空気椅子状態の私は、元に戻すタイミングを考える。あまりやりすぎると彼女は機嫌を損ねるだろう。彼女の積極性の持続を見極めるように空気椅子状態を続ける。表情の変化から「もういいよ」が芽生えそうになった瞬間を見計らい、元の位置に戻る。頭の上にあったぬいぐるみを奪い返した彼女は、ケラケラ笑っている。

こうしてわざわざ文章にしてみると、彼女と私は、なかなかいい勝負をしている。いい緊張関係の中にある。自分なりに彼女を翻弄しようとしているが、彼女はそれにしっかり抵抗してくる。で、このようにして、子持ちではない男性が上手に子どもと接していると、かなりの確率で「いいお父さんになりそう」と言われる。果たしてそうなのだろうか。この日、自分が彼女の機嫌を保つどころか、絶妙に操縦するように、楽しそうな状態に持っていけたのは、自分がいいお父さんになる素質を持っているからなのだろうか。そんなことはない。目の前にいる人とどのように接すればいいのか、頭の中に残っている経験を引っ張り出しながら、こういう時にはこういう対応をするのがいいのでは、と算出する。そこまで緻密に動きを選び抜いたわけではないが、ひとまず最適な振る舞いができたのは、自分が父親に向いているからではない。これまで様々な人と接してきたからである。

子どもを育てる膨大な時間を考えれば、自分が彼女と接した1時間ほど、そして、そこでのやりとりなど、数万分の一の出来事なのだろうが、接するこちらはこちらなりに、これまでの経験をフル稼働させて、彼女と向き合っている。それは、いいお父さんになる・ならない、ではないのだ。近くにいる人をできる限り楽しませたいという気持ちは、相手が赤子だろうが、少年だろうが、中年だろうが、老人だろうが変わらない。懸命にコミュニケーションを図るのみだ。トライ&エラーを重ね、うまくいった経験、失敗した経験から手札を増やしていくしかない。「子どもを持つと人間的に成長できる?」という問いかけには、「そんなのケースバイケースでしょう」というつまらない回答になるが、その回答は、自分が子持ちでない限りにおいてなかなか説得力は弱い。もし、議論よりも立場で決めてしまうとなれば、そっちこそ、なかなか成長に乏しいのでは、などと意地悪な分析も可能となってしまう。

成長とは何なのか

２０２２年に第八版が刊行された『三省堂国語辞典』に新たに加わった言葉の一つに「マウンティング」がある。今や、あちこちで聞く言葉だ。その説明には「①サルが、優位を示すためにほかのサルの背に乗る動作」「②自分の優位を示すこと。『マウント』を取ること。『聞きかじりの知識で━してくる男』〔二〇一〇年代に広まった用法〕」と書かれている。聞きかじりの知識でマウンティングしてくるのは男に限らないのだから、わざわざ例文を男にするのはどうなのだろう、とひとまず突っ込んだところで、この言葉がわずかこの10年ほどで広まったと知って驚く。

その言葉があまり使われていなかった時でも、同じような状態はいくらでもあったのだろうが、ある優位性を可視化する・される機会が増えれば増えるほど、当然、日常生活においても、他の誰かと比較するのを躊躇《ためら》わなくなる。この10年といえば、もちろん各種ＳＮＳの浸透とリンクしてくるわけだが、ＳＮＳがとにかく得意とするのがマウンティングで、まさに「自分の優位を示す」装置としての存在感が強まる一方で、使用者の多くには、正直、プレッシャーになっている。加工された誰かの写真を見て、自分の体形に不安を覚えたり、旅先のエピソードを知って、自分の地味な生活と比べてしまったりする。優位・劣位の比較が増幅し、その対象がどんどんミニマムになっていく。

比較される機会が増えていく。しんどいんで比較しないでね、と思う。でも、自分だって知らず知らずマウンティングをしているはず。こうして人よりちょっと目立つ仕事をしていると、ただそこで仕事をこなしているだけでも優位な立場にいると見る人もいるだろう。子どもという存在も、親が決してそうは思っていなくても、結果的にそのようになっている可能性がある。その人自身が望んでいるわけではないのに、社会全体がマウンティングを繰り返すようになってしまっているのだから。

以前、ある女性ファッション誌の対談記事の中で、モデルの女性とアーティストの女性が代理出産について議論を進め、自分の仕事を持って自立している女性であれば、子どもを産むために結婚する必要はなく、望んだタイミングで子どもを産める自由がある、といった内容を述べ、いわゆるネット炎上を起こした。代理出産は、代理母の子宮に受精卵を入れて子どもを産んでもらう形となる。受け皿となるのは、経済的に恵まれていない国々の女性というのが現状だから、これぞマウンティングと受け止められたわけである。なかなか不用意な対話だったが、結婚や出産をめぐる議論は、自分のケース以外を語るためには相当な注意が必要だし、たとえ自分のケースだったとしても、それが一般化できるものであるかどうかが問われてしまう。「子どもを持つと人間的に成長できる」という言説も、こうした乱暴な一般化の一種ではないだろうか。

たとえば、先ほどの事例で、自分が友達の娘の機嫌を一気に損ねさせ、レストランじゅうに泣き声を響き渡らせたとしたら、どうしてそうなってしまったのかを自分なりに考えるしかない。かといって、次にクリアできるとも限らない。また失敗するかもしれない。失敗したらその次は……これの繰り返しである。

子育てをしていると、おそらくその傾向と対策の精度が上がっていき、目の前にいる子どもへの応対に慣れてくるのだろうが、もし、他者が見事な応対をしたからといって、それは「いいお父さん」ではなく、これまでの経験を活かしているにすぎない。なので、「子どもを持つと人間的に成長できる」に向き合うと、「ケースバイケース」であること以前に、「人間というのはどんな人間であっても成長し続けているのだし、その成長は子どもの有無によって比較されてはならない」という当たり前の答えに行き着くのだが、果たして納得してもらえるのだろうか。友人の娘が上機嫌でいてくれたのは、これまでの私の人生の積み重ねの結果だし、その日のコミュニケーションも、間違いなく私を人間的に成長させてくれたはずである。

子どもが
大人になった時

担当編集者からの問いかけで残されているのが、「未来を語る際に、『自分の子どもが大人になった時にこんな日本では……』と枕詞につけられがちなのはなぜか？」という疑問である。

その前に、成長について、もう少し補足。ジェンダー問題について考えるシンポジウムにパネリストの一人として参加したのだが、終了後、登壇者が集う控え室に市議会議員のような人（名刺をもらったわけではないので不明だが、立ち居振る舞いがいかにもそういう感じだった。酷暑なのにスーツ姿、胸元にＳＤＧｓバッジを光らせていた）がやってきて、登壇した私たちに向けて、「本当に素晴らしいお話でした。僕はこういう問題に疎いんですが、この時代、やっぱり考えていかなくちゃいけないよね。さぁ、集合写真を撮りましょう」と笑いながら、登壇していたメンバーのうち、もっとも若い女性の横につき、彼女の腰を触るようにして（触ったのかどうかは確認できなかった）写真を撮り、ガハハと笑いながら立ち去った。その場の空気はすっかりその「市議会議員のような人」中心に回っていたのだが、「おい、おまえ、全体的にアウトだぞ、今まで、何を聞いてたんだよ」と言えなかった自分は、まだまだ成長が足りないのだろう。

成長というのは、目に見える結果が存在するとは限らない。ボードゲームの代表格「人生ゲーム」では、入学・就職・結婚・出産などが人生のターニングポイントとして存在しているが、人生というのはああやってわかりやすく転機が存在しているものではなく、「なんだかよくわからないけど、どうも最近ぐったりしているので6マス戻る」とか、「あれがこうなるとは思わなくて、そのあれが何かっていうのはまだ言えませんし、言う必要もないのですが、ひとまず8マス程度は進めるような事態だと思っています」とか、そういうものの積み重ねである。世の中が決めてくる、極めてハッキリとしたライフステージの変化のみを成長と捉える向きはいい加減やめなければいけない。

多くの人は、どんな場でも、その場その場でどのように振る舞うのが最適なのかを考える。つまり、「らしく」あろうとする。授業参観に親が来ている時、いつもと違ってハキハキする子どもと、いつも以上にだらしなく振る舞う子どもがいる。自分はどちらかというと後者だったのだが、親からの「だらしなくしないの！」という軽めの叱責を想定し、親が想像している自分らしい状態を演じていた。「もうなんなのアレは。しっかりしなさい！」と言われるように仕向けていた感覚が自分の体に残っているのだ。家族の形というのは、どんな時でも「らしく」しようとする流れが残るもので、いわゆる一般的な家族を築き上げた経験者たちの言動が異様な量で備蓄されている。そういうものだから……が無限にストックされている。そこかしこで「多様性」と叫ばれている時代に、結婚・出産のあり方は、やっぱりスタンダードなままであり、これまで通りに乗り越えてもらうことこそが成長の証である、と決めつけられている。これには何度でも疑問を持たなければいけない。人生なんてのは「人生ゲーム」のようにはいかないものなのだが、これこそが歩むべき人生らしいと、脱線するのをやたらと怖がっている人が多くいる。人生ゲームなんて、開始5分くらいで「勝手に決めんな！」とひっくり返せばいいわけで、実際の人生もそれで構わない。「普通はこうでしょ」という意見は、「普通はこうらしい」と素直に受け止めてしまう人がいてこそ、繰り返されるのである。

未来を語る権限

さて、本題の「未来を考える」である。未来、あまり好きな言葉ではない。なぜかといえば、今を直視させないように試みる人が好む言葉にもなってきているから。編集者は、「未来を語る際に、『自分の子どもが大人になった時にこんな日本では……』と枕詞につけられがちなのはなぜか？」との疑問を持っていた。子育てをしている編集者は、ありとあらゆる場面でこういう言い方を耳にしてきたのかもしれない。あるいは、致しかたなく言わされてきたのかもしれない。

この手の言い方を、毎日のように見聞きする。「私たちはもういい、どうせあと何十年かすると死んでしまうのだから。でも、自分の子どもたちのことを考えたら、黙ってはいられない」などという言い方を聞く。たとえばファミレスの隣のテーブルの雑談としてそれを聞いても、「今のご発言、その『自分の』は必要なのでしょうか」と言いたくても言えない。さすがに意地悪すぎる。その人は、自分の子どもがいるからこそ、未来を問うているのだろうか。その点は気になる。子どもがいることによる説得力の増強作用については、これまでも時折触れてきたが、「未来」という観点からも考えてみたい。

これを書いているのは、２０２２年夏の参議院選挙が行われる少し前のことなのだが、候補者の公約やウェブサイトをチェックしていると、「○児の父（母）として、子どもたちに確かな未来を残したい」といった類いの文言が頻繁に出てくる。編集者の懸念というか違和感は、たとえばこうした様子にも向けられているのだろう。個人が未来のことを考える時、やっぱりそこには、自分がいなくなった先の未来を引き継ぐ存在が求められるのだろうか。普段は、目先の利益追求や過去の隠蔽《いんぺい》に励んでいるような政治家であっても、選挙になると突然、未来を語り始める。選挙は、現職議員の通信簿としての役割も持つと思っているが、選挙に出る人たちは未来ばかり語る。とはいえ、「2児の父」の候補者が、「そうですね、長男は政治家になってほしいですし、次男は自分の好きな仕事で頑張ってほしい」などと、自分の家の未来の話をするわけではない。日本の未来の話をする。当たり前の話だ。

いや、当たり前の話なのだろうか。彼らはなぜ、「○児の父（母）として」と前置きをして、日本の未来を語るのだろうか。選挙というのは、信頼や期待などを掛け合わせた投票行動の集積によって勝敗が決まる。「私にお任せください！」とか「清き1票を委ねてください！」と叫びまわる。任せられたり委ねられたりしている人たちなのにどうして基本的に偉そうなのだろうとは思うものの、そうやって、票を投じてもらうためのエッセンスを用意する。彼らの算段では、「○児の父（母）として」は、未来を語るパスポートとして機能し続けている、ということなのだろうか。誰の父でもない自分は、未来を語ってはいけないのだろうか。「いや、別に、語っていいに決まっている」と、どこかから許可する声が聞こえる。なぜ、そもそも、未来を語る権限の有無を問われなければならないのだろう。

「お子さまの同席をお願いします」

先日、銀行の窓口で行員とやりとりをしていると、唐突に家族構成を問われ、「えっと、妻と二人暮らしです」と答えた。「ご家族を増やす予定はありますか」と続いた。2秒くらい黙り込む。とっても失礼な問いかけだなと思ったが、そこに続くのが、「(子どもが増えて）ご自宅を買われるという予定はありますか」だったので、「大きなお金を使う・動かす予定はあるか」との問いかけだとわかった。そんなに大きなお金も入ってないけどねと思いながら、「いえ」と答え、手続きが完了するのを待っている間、そこらへんに貼ってある説明書きを読んでいた。その中に「ご高齢のお客さまへのお願い」と題したチラシがあり、そこには、この銀行では、元本を割り込む可能性のある商品や、価格変動が比較的大きい商品についておすすめする場合は、家族の同席をお願いしているという。家族といっても、老夫婦二人でやってきてはいけないようで、わざわざ色を変えて、「原則、お子さまの同席をお願いします」と書かれている。その下には「お子さまの同席が難しい場合」とも書かれており、電話で内容を説明させてもらうか、場合によっては、75歳未満のご家族に説明させてもらうとある。

この紙を素直に読み取ると、「ご高齢のお客さま」には、もれなく、「お子さま」がいる前提で、もしそのお子さまの同席が難しい場合、お子さまへの電話か、自分よりも年下の家族が同席しなければならない。この時の「年下の家族」の範囲は明記されていないが、自分がもしこのまま70代後半まで生き延びて、2歳下の妻と二人暮らしを続けていた場合、私たちは、少しだけリスクのある金融商品に手を出せないのだろうか。トラブル処理をしてくれる子どもがいないといけないのだろうか。もちろん、その場では口に出せない。クレーマー扱いされるだろう。でも、これは口に出さずに受け入れなければいけないことなのだろうか。子どもがいない老人はこのチラシを見て、どう思うのだろう。このテーマで原稿を書いているからこそ、なんの断りもない、「原則、お子さまの同席をお願いします」に引っかかってしまう。資産形成の方法が、「お子さま」の有無によって絞られているのだ。

少し前に、是枝裕和《これえだひろかず》監督にインタビューする機会があったので、最新作『ベイビー・ブローカー』を観た。とある施設に設置された「赤ちゃんポスト」に入れられた赤ちゃんをこっそりと盗み、養子縁組を希望する夫婦に渡してお金を稼ぐベイビー・ブローカーの話なのだが、パンフレットにこのような記載があった。

「是枝が覚えているのは、『そして父になる』の公開時のことだ。女性と異なり、男性は子を持つだけでは父になれないとその実感を話したとき、女性も子を生んだからといって皆が母になったと実感出来るわけではない、母性が芽生えずに苦しむ人もいるのだと言われ、自身の男性目線を反省したことがあった。その経験を根底に、まず紡がれたのが本作のプロットだ」

奇しくも本書『父ではありませんが』と『そして父になる』は、同じ地点に立っていた二者のうち、一人はそこにとどまり、もう一人は前に進み出したようなタイトルである。

「子を持つだけでは父になれない」という言い方は、子どもがそこにいるという物理的な状況だけではなく、そこに子どもがいたとしても心情的にまだ父親になれない、という意味なのだろう。男性として勝手に用意してしまった、女性は母性があるからたちまち母としての自覚を持つという断定は乱暴だが、その反省から最新作のプロットが作られたのだという。『ベイビー・ブローカー』では、ある場面で「生まれてきてくれてありがとう」という言葉が連呼される。少しでも高額で赤ちゃんを売ろうとするブローカーの男たち、子どもを捨てようとした若い女性、養護施設を抜け出てきた男の子、彼らが一室に集い、その言葉が繰り返される。

この、「生まれてきてくれてありがとう」という言葉が使われる代表的な場面といえば、結婚式での親から子へのメッセージである。つまり、極めて幸せな、安定した、未来が見える家族の間で使われる言葉を、あえて複雑な状況下で使うことによって、その言葉自体の持つメッセージを際立たせてみせた。正しい家族とされる形、これから未来に向かって順調に進んでいく流れ、その形や流れを持ち得ていない人たちにそう言わせたのは、母性や父性の存在を単純に理解してしまった姿勢を見つめ直したということでもあるのだろう。

そこにいる各人に「未来」が用意されているとは限らないからこそ、ありきたりな言葉が響いたのだった。

人の生き方を採点するな

2022年6月、同性婚を認めないのは憲法違反ではないかと国を訴えた裁判について、大阪地方裁判所が憲法違反ではないと判断した。近年、様々な自治体で婚姻に準じる関係を認める「パートナーシップ制度」の導入が進んでいるが、判決では、このような制度も作られてきているし、これからまた新たに制度が作られるかもしれないから、そちらでどうでしょうかと促すような内容が含まれていた。そして、その判決文で繰り返されたのが、婚姻制度というのは「子を産み、育てることができる男女のためのものだ」という見解であった。男と女が結婚したら、子どもが産まれる。これこそがスタンダードな結婚の形であって、だってほら、同性同士では子どもが産まれる可能性がないのだから、それを夫婦とは言えないでしょうというのが、裁判所が出した結論だった。原告を落胆させたこの言い分に従うと、妻と私、つまり、自分たちの現時点の暮らしも夫婦ではなくなってしまう。もしかして、夫婦ではないのだろうか。それとも、子どもを産むまでは、夫婦になろうとする過程ってことなのだろうか。もし、産もうと思っているのに産めないのだとしたら。もし、産もうとさえ思っていないとしたら。この場合はどうなるのだろう。同性愛者のカップルでも養子縁組によって子どもを育てたり、女性同士の場合、男性の精子提供を受けて、二人で子どもを育てているというケースもある。結婚とは、子を産み、育てるためのものだとしたら、そうではない結婚はどうなるのだろう。

ある人の通夜に出席した時のこと。その人にはとにかくお世話になったのだが、その人の家族形態を特には知らなかった。いざ、通夜に足を運ぶと、子どもたちと孫の姿があった。そこに集ったのは自分と同じような職業の人、つまり、出版業界人ばかりだったが、多くの人が、そこらじゅうを動きまわっている孫の姿に目を細め、「へぇ、彼にこんなにかわいい孫がいるとは知らなかった。そうか、幸せな家庭を作っていたのだな」と繰り返していた。自分にとっては、とにかくその人の喪失が大きかったので、その言葉自体を受け止めて理解する余裕はなかったのだが、数日後に急に思い出し、ああやっぱりそうか、そういう言葉でまとめられてしまうのかと、ぶり返すように考えこんだ。こうして誰かがいなくなっても、そこに、その誰かとつながっている人がいる。しかも、まだまだ若くて、元気に遊びまわっているのだ。喪失を悼《いた》む場だが、確かな未来がその場の空気をほぐすのだ。

夫婦二人で暮らしていると、とにかく、ずっと妻と話している。とりわけフリーランス稼業なので、朝昼晩、大抵の場合は一緒に過ごす。家の近くの仕事場に出かけるとはいえ、長い時間を共にする。この時間がただひたすら積み上がっていく状態に、特段のストレスはなく、このまま年老いて最期を迎えるのかなんてことまで考えるのだが、私は、私たちは、未来を語ってはいけないのだろうか。はい、いけません、と言ってくる人はよほどの保守的な考えの持ち主で、幸いにも自分の近くにはいない。直接は言ってこない。でもどこかで、この人たちは受け継がなくていいのだろうか、未来が不安にならないのだろうかと思っているのかもしれない。

選挙が近づいた頃、ある大臣経験者が、こんなことを言った。

「国内において、少子化は大変な問題なんです。今、結婚しても、お子さんをつくらない。結婚しない男女が結構多いんですよね。50歳の男の人で、20％が独身だっていうんですよ。

パートナーがいない。ちょっと言いづらいことですが、男の人は結婚したがっているんですけど、女の人は、無理して結婚しなくていいという人が、最近増えちゃっているんですよね。嘆かわしいことですけどもね。女性も、もっともっと、男の人に寛大になっていただけたらありがたいなと思っている。ちょっと問題発言かなと思うんですけども。男の希望としては、そういうことを思っているということでございますので、よろしくどうぞお願いいたします」

全ての文言が不適切であるという珍しいほどの暴言だが、こういう人たちが本音として抱えているものをいい加減壊していかないと、未来は、産むことを前提とした上で、子どものためにだけ用意されてしまうし、子どもは未来のために生み出されることになる。自分は自分のために将来を用意したいのだけれど、それではダメなのだろうか。ダメだとしたらなぜなのだろう。人の生き方を採点しようとする人を遠ざけたい。「自分の子どもが大人になった時にこんな日本では……」、自分はその時、老人として、同じ空間を生きていたいと思うのだけど、どうしたらいいのだろう。

勝手に比較しないで

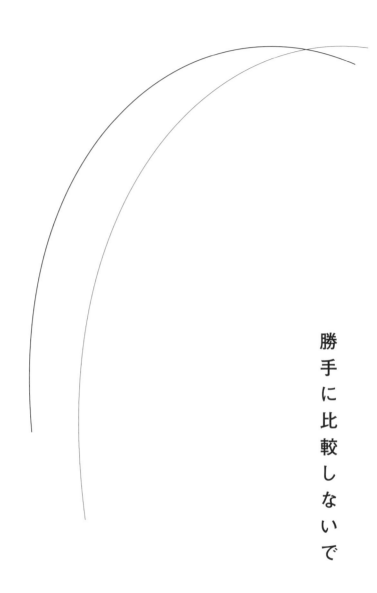

安倍晋三元首相が銃撃されて死亡した。狙撃した山上徹也《やまがみてつや》容疑者は、母親が入信している旧統一教会（世界平和統一家庭連合）への多額の献金などによって家庭が壊されたと教会に強い恨みを持ち、関連団体へビデオメッセージを寄せ、総裁の韓鶴子《ハンハクチャ》に向かって「敬意を表します」などと述べていた安倍元首相をターゲットに定めた。１９８２年生まれで、小学生の頃からワイドショーを見るのが好きだった私は、統一教会関連のニュースで賑わっていた様子をギリギリ知っている。なかでも合同結婚式の映像は、次にどんな風貌のカップルが映るかがわかるほどに、何度も見ていた。「トラブルが多発しています」という紹介の後に流れる「幸せそうな結婚式」の映像はとにかく不気味で、もちろん結婚観なんてものが出来上がっている年齢ではなかったが、「この結婚のやり方はおかしくない？」と母親に聞けば、母親はもっと下世話な、入信した芸能人のプライベート情報について教えてくれた。結婚相手を勝手に決められてしまう（もちろんそれを当人は、選んでくださった、と理解するわけだが）というルールは子どもながらに受け入れがたく、霊感商法云々よりも、あの式典の映像ばかりが脳裏に刻まれている。今、改めて世界平和統一家庭連合のウェブサイトをあれこれ読みふけっていると、こんな文章に出合った。

「子どもが親から愛を受けて育ち、親を喜ばせたいという思いを高めていく時期が幼少期です。この時期の愛は『受動的な愛』で光を照らし返す鏡のように、子どもは親から受けた愛に対して『喜び』を返そうとするのです。それが成長するにしたがって、親のみに向けられていた愛や関心が、だんだん周囲へと広がっていきます。『自分を愛してくれるから愛そう』という段階から、『親が愛する存在を、自分も同じように愛していこう』と、親や周囲から注がれた愛を、今度は自分が主体となって他の兄弟姉妹や周囲に分け与えようとするのです」

とりたてて言うほどの内容ではない。言葉をそれぞれ少しだけやわらかい表現にして、いくつかのエピソードを加えてみれば、これもまた、結婚式で使い回されてきた無難な挨拶にもなりそうだ。この団体と多くの政治家が関係を持っていたことが問題視されているが、自民党が２０１２年に示した憲法改正草案の第24条に「家族は、社会の自然かつ基礎的な単位として、尊重される。家族は、互いに助け合わなければならない」を盛り込んでいた事実を思い出すと強い親和性が浮き上がってくる。「社会の自然かつ基礎的な単位」という規定は意味不明なのだが、規定するからには、「社会の不自然かつ基礎的ではない単位」というものもあるはずで、つまり、憲法に該当しない人たちを生み出してしまう暴力性を自覚しているのだろうか。明言しているわけではないし、そんなもん、個人でどうにかしてくれよ、ってことなのだろうか。

とにかく基本は家族で、親は子に愛を注ぎ、その子はやがて親に愛を返そうとする、その愛がもっと開かれたものになっていくという考えを「基礎」にする団体は、同性婚や選択的夫婦別姓には反対してきた。偶然にも同じように反対をしてきたのが自民党であって、それはやはり、不自然で基礎的ではない単位を許してはいけないとの思いがあったからだろうか。

旧統一教会から手厚い支援を受けていた自民党・井上義行《いのうえよしゆき》議員は参議院選挙の出陣式で、こう述べていた。

「今、私は分岐点だという風に思っています。なぜ分岐点か。それは今まで2000年培った家族の形が、だんだんと他の外国からの勢力によって変えられようとしているんです。昔は皆さん、考えてみてください。おじいちゃんおばあちゃんやお孫さんと住んだ3世代を。その時は社会保障そんなに膨れてこなかった。でも核家族だ、核家族だ、個々主義だ、こういうことを言っている」

「そしてどんどんどんどん、僕はあえて言いますよ、同性愛とか色んなことでどんどん可哀想だと言って、じゃあ家族ができないで、家庭ができないで、子どもたちは本当に日本に本当に引き継いでいけるんですか。しっかりと家族を生み出し、そして子どもたちが多く日本にしっかりと産み育てる環境を私たちが今作っていかなければいけないと思いませんか皆さん。その闘いでもあります」

こんなとんでもないことを言った彼は、選挙に当選した。団体からの支援があったとはいえ、この「あえて言いますよ」が、有権者に受け入れられたのだ。核家族や個人主義、同性愛などを社会が受け入れた結果、家族が壊れてきてしまったのだという。しっかりとした家族を生み出し、多くの子どもたちを産み、育てていく環境を作っていかなければいけないのだとする。子どもを育て、その子どもがまた、子どもを産み育てることで、家族が引き継がれていく。となると、子育てをしていない自分は、これからの社会を作る上での「闘い」の敵、ということになるのだろうか。ただただ暮らしているだけなのに敵と認定されてしまうのだろうか。

安倍晋三・昭恵《あきえ》夫妻に子どもがいない、あれだけ保守的な家族観を披瀝《ひれき》してきたのに子どもがいないという事実は、本人たちへの攻撃に頻繁に使われてきた。それは主にリベラル側からの揶揄《やゆ》で、攻撃対象と定めた人物の粗探しとして「子どもがいない」まで混ぜ込んでしまう乱暴さに呆れてしまう。昭恵自身はインタビュー等で、何度か不妊治療にも通ったものの、授かることができなかったので早々に諦めることにしたと明かしてきた。

『子の無い人生』（角川文庫）の著者でエッセイスト・酒井順子と、その本の刊行記念で対談をしているのだが、後援者の人たちから、「普段の生活の中では、『まだですか？』くらいの感じなんですが、酔っぱらったりすると『安倍家の嫁として失格だ』とか、『非国民！』などと言われることもあって……」（『本の旅人』２０１６年3月号）と述べている。他人の家族に首を突っ込んでくる連中の傲慢さに腹が立つのだが、彼女がその手の罵詈雑言に屈しなかったのはなぜなのだろうと読み進めていくと、「もちろん、安倍晋三の子どもはいないわけですが、主人には兄がいて、彼には男の子がいるんです。ですから、安倍家が途絶えることはない。そのことが大きなプレッシャーにつながらなかった理由かもしれませんね」とある。

自分たちは子どもを産む道を選べなかったが、夫の兄には子どもが、しかも男の子がいるから家は途絶えることがないと安堵しているという。別に私がその次を作らなくても、もうすでに次はいるから、なのだ。彼女のことを「家庭内野党」と評する動きもあったが、こうして振り返れば、「家族は、互いに助け合わなければならない」という考え方の持ち主だとわかる。引き続き助け合っていく家族がいるので、私はもう、と言っていたのだ。

受動的な愛、と旧統一教会は書いていた。親と子の間で受動と能動を繰り返し、家族の愛を先へ先へと延ばしていくのだという。自分には親から十分な愛情を注がれてきた自覚がある。それが嫌になる反抗期もなかったし、かといって、「マザコン」と名付けられるような、過度な結びつきがあるわけでもない。では、この注がれてきた愛情、つまり、受動的な愛情をそのうちに自分の子どもに注ぐわけではない場合、一体どのように愛情を能動に切り替えていけばいいのだろう。そもそも愛情というのは、そうやって種類や対象を区分けするものなのだろうか。

実在の生

批評家の東浩紀《あずまひろき》が社会学者の宮台真司《みやだいしんじ》との対談集『父として考える』（ＮＨＫ出版生活人新書）の中でこのように書いている。

「僕が娘ができていちばん変わったのは、そのような『受動的存在』に対する考え方なのかもしれません。娘は勝手に育っていく。親はその点で徹底して受動的な存在なのですが、それだけでなく、娘が育つにつれて少しずつ世界を『受け入れていく』さまを見ると、なんというか、そういえば生きるとはそもそも受動的なことだったはずではないか、と感慨を新たにするのです」

この、「受動的存在」にかかる「そのような」が意味するところは何か。東は次のように書いている。

「僕は娘が生まれる前、また彼女が物心つく前は、この『貧困化し格差社会化する日本』において、娘の幸せのために」色々と考えてきたのだが、今では「格差社会云々の抽象的懸念よりも、娘が近所の幼なじみとできるだけ長く楽しく暮らせたほうがいいという素朴な願いのほうが、よほど強くなっている」

対談集のまえがきで、東は「この対談ではいまひとつぼくの歯切れが悪い。対談相手として能力不足を恥じるしかないが、ただひとつ言い訳を記させてもらえば、話題がこと子育てというプライベートかつセンシティブな話題になってくると、そうそう簡単に『宮台さん、それはちがうと思うんですよ』と言えないことは確かである。宮台氏はじつに真摯に二人の娘と向き合っており、その言葉ひとつひとつが彼らの実在の生と直結している。ぼくもまた父親ではあるので、その重さは実感できる。そのとき、たがいがたがいの家庭観や教育観について、空疎な論戦を繰り広げることになんの意味があろうか」と述べる。

様々な議論をしている本だが、日本を代表する論客の二人が、父の立場で対談をするとなった途端、特に火花が散るわけでもなく、目の前にいる子どもとのコミュニケーションを伝達し合い、先輩を立て、これまで繰り返してきたような論戦を「空疎」とする。「格差社会云々」は「抽象的懸念」ではなく、様々なデータから算出され、問題点として具体化されてきたはずだが、それよりも子育ての中で感じた「素朴な願い」が強くなってきたという。「父である」という当事者性が立場の異なる者同士の議論を薄めてしまったということなのだろうか。

私は比較材料ではない

子どもの話は強い。勝てる。上回る。この通説というのか、状態を考えてみたいと思ってきた。本当にそうなのだろうか、という疑問をぶつけてみたかった。子どもについては、「いる」「できた」「ほしい」という状態からの語りが大半である。「いない」「できない」「ほしくない」という状態からの声は、なんだかあんまり声高に叫んではいけないように思われている。それは一体、なぜなのだろうか。誰が止めているのだろうか。止めてくる人は本当にいるのだろうか。イメージの産物なのだろうか。ここに迫ってみたかったのである。

父ではない人間が、子育てや親であること、家族というものについて語ることは許されないのだろうか。そもそも、誰にどのような許諾が必要なのだろうか。連載時に、毎回読んでくれている人から「あの連載は、同じところをぐるぐるまわっているような感じがあって、それがいい」と言われた。もちろん、人によってはそれが、ものすごく退屈に感じられるものにもなるのだろう。なんたって、始まってからこうして終わるまで、自分の周辺環境にはなんの変化もないのだ。3歳だった息子が5歳になったりしていないのだ。自分には、自分という存在が受動的であり、能動的でもあるという自負がある。誰よりも柔軟な考えの持ち主です、と主張したいわけではない。人並みである。「実在の生」は自分にもある。育児の体験記はいくらでも存在している。だが、育児をしていない体験記は見かけない。体験記では一方的な語りが許される、というかそれこそを読みたいわけだが、では、この非・体験記はどうだろう。正直、「もっと専門家などに話を聞いたほうがいいのではないか」という不安がつきまとい続けたが、第三者という当事者から見えるものを重視してみた。

子どもがいる人・いない人、欲しいと思っている人・思っていない人を分断するだけの原稿にはしないようにしたい、というのは、書き始める時点でほぼ唯一、頭にあったことだった。ところが、書き進めていくと、それなりに分断をしてもいいのではないかと思うようになった。それは、さぁもっと、子持ちと子なしで喧嘩しましょうよ、ということではなく、立場はそれぞれ違うのだから、それぞれの考え方でいればいいのであって、いない人を「そのうちに欲しがっている人」や「もしかしたら作ることのできなかったかもしれない人」という、「いる人」を基準にした上で位置づけるのはいささか乱暴であり、その位置づけを繰り返し強制しないでほしいという思いを強くしたのだ。多様性を認めるというのは、これまで認められてこなかった人たちの考え方を知って受け止めることはもちろんだが、どんな状況にある人でもそのあり方を否定しない、未熟だと決めつけないという態度も含まれる。

あるべき家族の形が保てなくなってきているならば、保てなくなってきた原因を探るのではなく、あるべき家族の形なんてものはあるのか、あるのだとしたら、なぜそれは存在しているのか、それ以外のあり方ではいけないのか、そっちから議論したい。結婚しているのに子どもがいない状態で、それなりに長い間暮らしていると、観察されているなと思う。直接言ってくるのではなく、少し離れたところから見られているような感覚。あの人たちはどうするつもりなんだろう、という目線がくる。それと付き合うのは正直面倒で、特段の反応をせずにそのままにしておく。

あなたたちも子どもを持ったほうがいいと思うよ、とストレートに言ってくる人はとても少ない。親御さんも望んでいるでしょうとか、私なんかやっぱり老後が不安になってきちゃったからさとか、少子化って言われているからなんかこれで役目を果たしたって感じもあってさとか、経験則を持ち寄って、やっぱりこっちのほうがいいと思うよと言われてきた（言われ続けている）。

前述の議員が指摘するまでもなく、おそらく人類の長い歴史から考えても、スタンダードな家族像と決められてきたものが壊れ始めている時期にあたる。それは壊れているのではなく、これまで壊すんじゃねぇぞと首を絞められてきた人が、ようやく、それ以外の道を探して歩くことができるようになってきました、という進化かもしれない。どんな人間であっても、大抵のことには第三者なのだから、当事者としての言動だけでは、なかなか視野が狭くなる。ある境遇で暮らしていれば、それ以外の境遇を当事者として体感はできないのだから、第三者になる。何かの当事者であり、何かの第三者であることが当たり前で、大抵の物事は、私はそれと直接的な関係はないけれど、それが近くにあることは知っていて、その動きをなんとなく確認してはいる、というくらいの存在・出来事ばかりだ。どちらかだけでは、世の中の動きは止まってしまう。

「父ではない」という状態の第三者性はあまり語る場を用意されてこなかった。そのうちにそうではなくなるもの、その予定がなかったとしてもわざわざ語ってもらうほどでもないものとされてきた。子どもがいてもいなくても、そしてもちろん結婚していてもいなくても、どっちでもいいと思っている。そういうフラットな状態でいたいのだが、それをさせてくれない人や組織があるのならば、それはおかしいと思うんです、と言い続けていきたい。だってそれは、自分の生き方を軽んじられたようなものだから。家族はこうじゃなくっちゃとか、やっぱり子どもがいたからこそ、といった言説は、そうではない人を巻き込まないようにやってほしい。私は、私たちは、比較材料として生きているわけではないのだから。

あとがき

数えたわけではないし、実際に数えたらそんなことはないのだろうが、この本でもっとも頻繁に使われている言葉は「普通」ではないか。普通という状態を勝手に決めないでよ、という主張を何度も繰り返している。あまりに繰り返しすぎているので削ろうと思った箇所もあったのだが、世の中で凝り固まっている普通を疑いながら、必要に応じて壊したり溶かしたり削ったりするためには、何度でも言えばいいのかなと、そのままにしておいた。

普通の家族ってさ。普通は結婚するでしょ。普通これくらいで子どもを。こうしてあちこちで投じられてきた「普通」がどのようなダメージを与えているのかは可視化されにくい。なぜって、普通の枠組みの中に入っている人は、当然、両隣にもその枠組みに入っている人がいるので、それ以外の部分に気がつきにくい。たとえばこの本は、男性と女性による婚姻関係に基づいた上で子どもを持つ・持たないという比較をしているので、性的少数者をめぐる議論がほとんどない。

結婚・出産・子育てについての諸外国との比較や、家族を形成する上で重要な賃金格差の議論だって必要だったはず。あるテーマについて「自分はこう考えている」と表明すると、必ず抜け落ちる議論がある。それを網羅しようと心がければ心がけるほど、今度は「自分はこう考えている」が抜け落ちたり、薄まったりする。とにかく、全てを議論できたわけではない。

本書の校正ゲラをリュックに入れながら、なかなかの強行日程で、大阪・京都・名古屋までトークイベントに行ってきた。話をする相手は全て書店員さん。打ち合わせも一切なしで、その場で思ったことを話し合うスタイルにした。ある絵本専門店の書店員さんは、現在の政治家の振舞いを見ていると、子どもたちへの目線が足りないと厳しく断じていた。1日とは言わず、1年くらいエプロンをつけて保育園で働いて、頭で考えるのではなく体感してほしいと言っていた。ちょうど、行きの新幹線の中でこの本の校正作業を進めていたところだったので、自分の文章を諳《そら》んじるように「第三者」の話をした。

「ない」「できない」「持っていない」「やっていない」からも考えることをしなければいけないと思うんです。人は誰でも、何かについては当事者でも、何かについては当事者ではないはずだから。それに、第三者は「第三者という当事者」ですし、と言ってみる。ミュージシャンが、未発表の新曲をお客さんの前で演奏して反応を確かめるような要領で、その話をした後のお客さんの反応を見る。激しく頷いている人の横で、そうかなぁと首を少しだけ傾げている人も見えた。

同じ日に別の場所で行われたトークイベントでは、終わった後に50代くらいの女性がやってきて、本書の元となる連載をしていた集英社のPR誌『青春と読書』に付箋をつけたものを手に、「私はずっと30年間くらい、このことに悩まされてきました」と目に涙をためて話しかけてきた。詳しい経緯を聞く時間はなかったが、おそらくは結婚や子どもについて、「普通はこうでしょう」と圧をかけられ続けてきたのではないかと想像する。

本当に様々な考え方の人がいて、それぞれのやり方で暮らしている。トークイベント行脚を終えた翌日、20年近い付き合いになる同世代の女性3人と食事をした。一人は、婚約を決めたパートナーの浮気疑惑が浮上、裏アカウントでリンゴ狩りに行った模様をアップしていたのを見てしまったが、「男が一人でリンゴ狩りに行くとは思わないのだがどうだろう」とキレていた。一人は、『あぶない刑事』のボックスセットを予約した後に病気で入院することになり、入院代を捻出するために泣く泣く解約した話を笑い転げながら話していた。一人は、部活動後の水分補給のような勢いで酒を飲み、「猫と土地さえあればいい」と静かに笑っていた。いろんな人がいる。

いろんな人が、自分なりの暮らし方をしている。

気心知れた仲だからといって、個々人がその場で全ての事情や感情を明らかにしているとは思わない。隠していること、言いたくないことがある。弾けているようで、どこかで無理をしているのかもしれない。それぞれが当事者で、それぞれが第三者だ。「ではない」状態を生きている。

今回は、父ではない自分から見えたものを書いてみた。それぞれの立場から、様々な読まれ方をするのだろう。そこでは意見の相違が生じるかもしれない。その時に、相違を無理やりになかったことにしようとする力に警戒したい。そこではやっぱり「普通」という言葉が用意されるはずで、そこに何度でも刃向かっていきたい。

本書の編集を担当してくださった平本千尋さんは、まさにその相違とじっくり向き合ってくれる方で、二人の子どもを育てている女性という立場や経験則からのみではなく、今、考えていることをその都度話してくれた。互いに「確かにそう思います」「いや、そうは思いませんけど」を繰り返しながら、この本がここまでたどり着きました。ありがとうございました。

２０２２年12月　武田砂鉄

初出
集英社『青春と読書』２０２１年7月号～２０２２年10月号
単行本化にあたり加筆修正を行いました。

装丁：BOOTLEG

武田砂鉄　たけだ・さてつ

1982年生まれ。出版社勤務を経て、2014年よりライターに。2015年『紋切型社会』でBunkamuraドゥマゴ文学賞受賞。他の著書に『日本の気配』『わかりやすさの罪』『偉い人ほどすぐ逃げる』『マチズモを削り取れ』『べつに怒ってない』『今日拾った言葉たち』などがある。週刊誌、文芸誌、ファッション誌、ウェブメディアなど、さまざまな媒体で連載を執筆するほか、近年はラジオパーソナリティとしても活動の幅を広げている。

父《ちち》ではありませんが　第三者《だいさんしゃ》として考《かんが》える

2023年1月31日　第1刷発行
2023年2月22日　第2刷発行

著者　武田砂鉄《たけださてつ》
発行者　樋口尚也
発行所　株式会社 集英社
〒101 8050 東京都千代田区一ツ橋2-5-10
電話　編集部　03-3230-6143
読者係　03-3230-6080
販売部　03-3230-6393（書店専用）
印刷所　大日本印刷株式会社
製本所　加藤製本株式会社

定価はカバーに表示してあります。
　ISBN978-4-08-788081-6　C0095

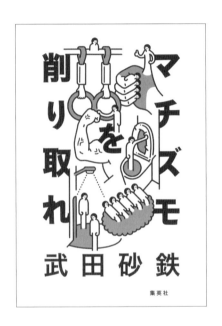